中华人民共和国
民法典
总则编

案例注释版

中国法制出版社
CHINA LEGAL PUBLISHING HOUSE

图书在版编目（CIP）数据

中华人民共和国民法典．总则编：案例注释版／中国法制出版社编．—2版．—北京：中国法制出版社，2024.1

（法律法规案例注释版系列；2）

ISBN 978-7-5216-3622-2

Ⅰ.①中… Ⅱ.①中… Ⅲ.①民法-汇编-中国②民法-总则-中国 Ⅳ.①D923.09

中国国家版本馆CIP数据核字（2023）第239832号

责任编辑：谢 雯　　　　　　　　　　　　　封面设计：杨泽江

中华人民共和国民法典．总则编：案例注释版
ZHONGHUA RENMIN GONGHEGUO MINFADIAN. ZONGZE BIAN：ANLI ZHUSHIBAN

经销/新华书店
印刷/河北华商印刷有限公司
开本/880毫米×1230毫米 32开　　　　　　印张/7 字数/173千
版次/2024年1月第2版　　　　　　　　　　2024年1月第1次印刷

中国法制出版社出版
书号 ISBN 978-7-5216-3622-2　　　　　　　定价：28.00元

北京市西城区西便门西里甲16号西便门办公区
邮政编码：100053　　　　　　　　　　　　传真：010-63141600
网址：http：//www.zgfzs.com　　　　　　编辑部电话：010-63141797
市场营销部电话：010-63141612　　　　　　印务部电话：010-63141606

（如有印装质量问题，请与本社印务部联系。）

出版说明

我国各级人民法院作出的生效裁判是审判实践的结晶，是法律适用在社会生活中真实、具体而生动的表现，是连接抽象法律与现实纠纷的桥梁。因此，了解和适用法律最好的办法，就是阅读、参考已发生并裁判生效的真实案例。从广大读者学法、用法以及法官、律师等司法实务人员工作的实际需要出发，我们组织编写了这套"法律法规案例注释版"丛书。该丛书侧重"以案释法"，期冀通过案例注释法条的方法，将法律条文与真实判例相结合，帮助读者准确理解与适用法律条文，并领会法律制度的内在精神。

丛书最大的特点是：

一、**专业性**。丛书所编选案例的原始资料基本来源于各级人民法院已经审结并发生法律效力的裁判文书，从阐释法律规定的需要出发，加工整理而成。对于重点法条，则从全国人大常委会法工委等立法部门对条文的专业解读中提炼条文注释。

二、**全面性**。全书以主体法为编写主线，并辅之以条文主旨、条文注释、实用问答、典型案例、相关规定等，囊括了该法条的理论阐释和疑难问题，帮助读者全面理解法律知识体系。

三、**示范性**。裁判案例是法院依法对特定主体之间在特定时间、地点发生的法律纠纷作出的裁判，其本身具有真实性、指导性和示范性的特点。丛书选择的案例紧扣法律条文规定，精选了最高人民法院、最高人民检察院公布的指导案例等典型案例，对于读者有很强的参考借鉴价值。

四、实用性。每本书通过实用问答模块，以问答的方式解答实务中的疑难问题，帮助读者更好地解决实际问题。丛书设置"相关案例索引"栏目，列举更多的相关案例，归纳出案件要点，以期通过相关的案例，进一步发现、领会和把握法律规则、原则，从而作为解决实际问题的参考，做到举一反三。

五、便捷性。丛书采用大字排版、双色印刷，清晰疏朗，提升了读者的阅读体验。我们还在部分分册的主体法律文件之后收录重要配套法律文件，以及相应的法律流程图表、文书等内容，方便读者查找和使用。

希望本丛书能够成为广大读者学习、理解和适用法律的得力帮手！

适用提示

2020年5月28日,十三届全国人大三次会议审议通过了《中华人民共和国民法典》(以下简称《民法典》),这是新中国成立以来第一部以"法典"命名的法律,是新时代我国社会主义法治建设的重大成果。2021年1月1日起,《民法典》开始施行,《中华人民共和国婚姻法》《中华人民共和国继承法》《中华人民共和国民法通则》《中华人民共和国收养法》《中华人民共和国担保法》《中华人民共和国合同法》《中华人民共和国物权法》《中华人民共和国侵权责任法》《中华人民共和国民法总则》同时废止。

《民法典》总则编共204条,采取"提取公因式"的方法,将民事法律制度中具有普遍适用性和引领性的内容规定其中,既构建了我国民事法律制度的基本框架,也为各分编的规定提供依据。总则使整部法典的体系更加和谐,更富有内在的一致性。《民法典》总则编主要规定了民法的基本原则、自然人、法人、非法人组织、民事权利、民事法律行为、代理、民事责任、诉讼时效、期间计算等内容,确立并完善了民事基本制度。在适用本编时,需要重点注意的是:

1. 民法基本原则

总则编中确立的民法基本原则,对于各分编具有统辖的效力，分编中的制度适用必须遵循民法基本原则。《民法典》总则编规定了民事活动必须遵循的基本原则和一般性规则，在《民法典》中起统领性作用，各分编在总则的基础上对各项民事制度作出具体规定。

2. 自然人民事权利能力和民事行为能力

要注意民事权利能力和民事行为能力的不同规定，以及无民事行为能力人、限制民事行为能力人、完全民事行为能力人是如何区分的。

3. 监护

一般而言，监护制度不仅事关未成年人的健康成长，而且本法还规定了成年人监护制度。总则编明确了最有利于被监护人的原则，规定了对失格监护人撤销其监护人资格、安排必要的临时监护措施等。

4. 法人

本法区分了营利法人、非营利法人和特别法人三种法人，分别作出了原则性规定。详细规定，可以分别参考《中华人民共和国公司法》《中华人民共和国合伙企业法》《中华人民共和国城市居民委员会组织法》等。

5. 民事权利

自然人享有生命权、身体权、健康权、姓名权、肖像权、名誉权、荣誉权、隐私权、婚姻自主权等权利。法人、非法人组织享有名称权、名誉权和荣誉权。特别需要注意的是，《民法典》首次将人格权单独作为一编进行规定，是对本部分内容的细化和展开。除此之外，债权、物权、知识产权等也属于民事权利。

6. 民事法律行为

需要特别注意民事法律行为生效需要满足的要件，以及导致民事法律行为失效、可撤销的各类事由。另外，附条件、附期限的民事法律行为也需要着重理解与掌握。

7. 民事责任

承担民事责任的方式主要有：（1）停止侵害；（2）排除妨碍；（3）消除危险；（4）返还财产；（5）恢复原状；（6）修理、重作、更换；（7）继续履行；（8）赔偿损失；（9）支付违约金；（10）消除影响、恢复名誉；（11）赔礼道歉。法律规定惩罚性赔偿的，依照其规定。承担民事责任的方式，可以单独适用，也可以合并适用。

8. 诉讼时效

诉讼时效直接关系到当事人的权利主张能否得到法院的支持，需要特别留意。另外需要注意的是，某些特殊情形下诉讼时效有不同的规定，如未成年人遭受性侵害的损害赔偿请求权的诉讼时效期间，自受害人年满18周岁之日起计算。

目 录

《中华人民共和国民法典》总则编

第一编 总 则

第一章 基 本 规 定

第一条 【立法目的和依据】 ··· 2

第二条 【调整范围】 ··· 3

第三条 【民事权利及其他合法权益受法律保护】 ················ 3

第四条 【平等原则】 ··· 4

第五条 【自愿原则】 ··· 5

第六条 【公平原则】 ··· 6

第七条 【诚信原则】 ··· 6

● 典型案例

　　北京某旅游公司诉北京某村民委员会等合同纠纷案 ············ 7

第八条 【守法与公序良俗原则】 ··· 9

● 典型案例

邹某玲诉某医院医疗服务合同纠纷案 ················ 10

第 九 条 【绿色原则】 ······················· 11

● 典型案例

某研究所等与某光电公司环境民事公益诉讼案 ·········· 11

第 十 条 【处理民事纠纷的依据】 ················ 12

第 十一 条 【特别法优先】 ···················· 13

第 十二 条 【民法的效力范围】 ·················· 13

第二章 自 然 人

第一节 民事权利能力和民事行为能力

第 十三 条 【自然人民事权利能力的起止时间】 ·········· 14

第 十四 条 【民事权利能力平等】 ················ 14

第 十五 条 【出生和死亡时间的认定】 ·············· 15

第 十六 条 【胎儿利益保护】 ··················· 15

第 十七 条 【成年时间】 ····················· 15

第 十八 条 【完全民事行为能力人】 ··············· 16

第 十九 条 【限制民事行为能力的未成年人】 ··········· 17

第 二十 条 【无民事行为能力的未成年人】 ············ 18

第二十一条 【无民事行为能力的成年人】 ············· 19

第二十二条 【限制民事行为能力的成年人】 ············ 20

● 典型案例

傅甲诉傅乙等侵权赔偿纠纷案 ··················· 20

第二十三条 【非完全民事行为能力人的法定代理人】 ········ 21

第二十四条　【民事行为能力的认定及恢复】……………… 21
  ● 典型案例
    叶甲申请作为监护人案 ………………………………… 23
第二十五条　【自然人的住所】…………………………… 24

第二节　监　　护

第二十六条　【父母子女之间的法律义务】……………… 24
第二十七条　【未成年人的监护人】……………………… 25
  ● 典型案例
    1. 乐平市民政局申请撤销罗某监护人资格案 ………… 26
    2. 吴某娟申请指定监护人案 …………………………… 27
第二十八条　【非完全民事行为能力成年人的监护人】… 28
  ● 典型案例
    1. 孙某乙申请变更监护人纠纷案 ……………………… 29
    2. 范某甲、范某乙申请作为监护人案 ………………… 30
第二十九条　【遗嘱指定监护】…………………………… 31
第 三 十 条　【协议确定监护人】………………………… 32
第三十一条　【监护争议解决程序】……………………… 32
第三十二条　【公职监护人】……………………………… 35
  ● 典型案例
    1. 广州市黄埔区民政局与陈某金申请变更监护人案 … 35
    2. 柳州市社会福利院申请作为无民事行为能力人指定
       监护人案 …………………………………………… 36
第三十三条　【意定监护】………………………………… 37
第三十四条　【监护职责及临时生活照料】……………… 38

3

第三十五条　【履行监护职责应遵循的原则】……………… 40
　●典型案例
　　彭某拍卖房产纠纷案 ……………………………………… 41
第三十六条　【监护人资格的撤销】……………………… 42
　●典型案例
　　梅河口市儿童福利院与张某柔申请撤销监护人资格案 …… 44
　●相关案例索引
　　张某诉镇江市姚桥镇某村村民委员会撤销监护人资格
　　纠纷案 ……………………………………………………… 45
第三十七条　【监护人资格撤销后的义务】……………… 45
第三十八条　【监护人资格的恢复】……………………… 46
第三十九条　【监护关系的终止】………………………… 47

　　　　　　　　第三节　宣告失踪和宣告死亡

第 四 十 条　【宣告失踪】…………………………………… 48
第四十一条　【下落不明的起算时间】…………………… 49
　●典型案例
　　张某某申请宣告林某失踪案 ……………………………… 50
第四十二条　【财产代管人】……………………………… 51
第四十三条　【财产代管人的职责】……………………… 52
第四十四条　【财产代管人的变更】……………………… 53
第四十五条　【失踪宣告的撤销】………………………… 54
　●典型案例
　　杨甲申请撤销失踪宣告案 ………………………………… 54
第四十六条　【宣告死亡】………………………………… 55

第四十七条　【宣告失踪与宣告死亡申请的竞合】……………… 56

第四十八条　【死亡日期的确定】…………………………………… 57

第四十九条　【被宣告死亡人实际生存时的行为效力】………… 58

第 五 十 条　【死亡宣告的撤销】…………………………………… 58

第五十一条　【宣告死亡及其撤销后婚姻关系的效力】………… 59

● 典型案例

　　谷某某、王某某离婚纠纷案 ……………………………………… 59

第五十二条　【死亡宣告撤销后子女被收养的效力】…………… 60

第五十三条　【死亡宣告撤销后的财产返还与赔偿责任】……… 61

第四节　个体工商户和农村承包经营户

第五十四条　【个体工商户】………………………………………… 61

第五十五条　【农村承包经营户】…………………………………… 62

第五十六条　【"两户"的债务承担】……………………………… 62

第三章　法　　人

第一节　一 般 规 定

第五十七条　【法人的定义】………………………………………… 62

第五十八条　【法人的成立】………………………………………… 63

第五十九条　【法人的民事权利能力和民事行为能力】………… 63

第 六 十 条　【法人的民事责任承担】……………………………… 63

第六十一条　【法定代表人】………………………………………… 63

第六十二条　【法定代表人职务行为的法律责任】……………… 64

第六十三条　【法人的住所】………………………………………… 64

第六十四条	【法人的变更登记】	65
第六十五条	【法人登记的对抗效力】	65
第六十六条	【法人登记公示制度】	65
第六十七条	【法人合并、分立后的权利义务承担】	66
第六十八条	【法人的终止】	67
第六十九条	【法人的解散】	67
第 七 十 条	【法人解散后的清算】	68
第七十一条	【法人清算的法律适用】	69

● 典型案例

　　某证券公司与上海甲公司、上海乙公司、北京某公司、深圳某公司合并破产清算案 …………………… 69

第七十二条	【清算的法律效果】	71
第七十三条	【法人因破产而终止】	71
第七十四条	【法人的分支机构】	72

● 典型案例

　　长沙广大建筑装饰有限公司诉中国工商银行股份有限公司广州粤秀支行、林传武、长沙广大建筑装饰有限公司广州分公司等第三人撤销之诉案 …………… 73

第七十五条	【法人设立行为的法律后果】	74

第二节　营 利 法 人

第七十六条	【营利法人的定义和类型】	75
第七十七条	【营利法人的成立】	76
第七十八条	【营利法人的营业执照】	76
第七十九条	【营利法人的章程】	76

第 八 十 条　　【营利法人的权力机构】 …………………… 77

第八十一条　　【营利法人的执行机构】 …………………… 78

第八十二条　　【营利法人的监督机构】 …………………… 79

第八十三条　　【出资人滥用权利的责任承担】 …………… 79

● 典型案例

　　徐工集团工程机械股份有限公司诉成都川交工贸有限

　　责任公司等买卖合同纠纷案 ………………………………… 80

第八十四条　　【利用关联关系造成损失的赔偿责任】 …… 81

第八十五条　　【营利法人出资人对瑕疵决议的撤销权】 … 82

第八十六条　　【营利法人的社会责任】 …………………… 83

第三节　非营利法人

第八十七条　　【非营利法人的定义和范围】 ……………… 83

第八十八条　　【事业单位法人资格的取得】 ……………… 83

第八十九条　　【事业单位法人的组织机构】 ……………… 84

第 九 十 条　　【社会团体法人资格的取得】 ……………… 84

第九十一条　　【社会团体法人章程和组织机构】 ………… 85

第九十二条　　【捐助法人】 ………………………………… 85

第九十三条　　【捐助法人章程和组织机构】 ……………… 86

第九十四条　　【捐助人的权利】 …………………………… 86

第九十五条　　【公益性非营利法人剩余财产的处理】 …… 86

第四节　特别法人

第九十六条　　【特别法人的类型】 ………………………… 87

7

● 典型案例

　　某村民小组与赵甲等请求确认协议无效纠纷案 ………… 88

第九十七条　【机关法人】 ……………………………… 89

第九十八条　【机关法人的终止】 ……………………… 90

第九十九条　【农村集体经济组织法人】 ……………… 90

第 一 百 条　【合作经济组织法人】 …………………… 91

第一百零一条　【基层群众性自治组织法人】 ………… 91

第四章　非法人组织

第一百零二条　【非法人组织的定义】 ………………… 92

第一百零三条　【非法人组织的设立程序】 …………… 93

第一百零四条　【非法人组织的债务承担】 …………… 93

第一百零五条　【非法人组织的代表人】 ……………… 94

第一百零六条　【非法人组织的解散】 ………………… 94

第一百零七条　【非法人组织的清算】 ………………… 95

第一百零八条　【非法人组织的参照适用规定】 ……… 96

第五章　民事权利

第一百零九条　【一般人格权】 ………………………… 96

第一百一十条　【民事主体的人格权】 ………………… 96

● 典型案例

　1. 安徽某医疗科技公司诉安徽某健康科技公司名誉权
　　 纠纷案………………………………………………… 101

　2. 邓某强与佛山高明某银行名誉权纠纷案…………… 102

3. 黄某诉邵某隐私权纠纷案 ················· 103
第一百一十一条　【个人信息受法律保护】 ········· 104
　●典型案例
　　孙某燕与某通信公司某市分公司等隐私权、个人信息
　　保护纠纷案 ····························· 105
第一百一十二条　【婚姻家庭关系等产生的人身权利】 ··· 106
第一百一十三条　【财产权受法律平等保护】 ········· 107
第一百一十四条　【物权的定义及类型】 ············· 108
　●典型案例
　　中信银行股份有限公司东莞分行诉陈志华等金融借款
　　合同纠纷案 ····························· 108
第一百一十五条　【物权的客体】 ··················· 109
第一百一十六条　【物权法定原则】 ················· 109
第一百一十七条　【征收与征用】 ··················· 110
第一百一十八条　【债权的定义】 ··················· 110
第一百一十九条　【合同之债】 ····················· 111
第一百二十条　　【侵权之债】 ····················· 111
　●典型案例
　　曹某诉某公司侵权赔偿纠纷案 ················· 111
第一百二十一条　【无因管理之债】 ················· 112
第一百二十二条　【不当得利之债】 ················· 113
第一百二十三条　【知识产权及其客体】 ············· 113

9

● **典型案例**

    1. 左尚明舍家居用品（上海）有限公司诉北京中融恒盛木业有限公司、南京梦阳家具销售中心侵害著作权纠纷案 ……………………………… 114

    2. 深圳市卫邦科技有限公司诉李坚毅、深圳市远程智能设备有限公司专利权权属纠纷案 …………… 115

    3. 广州王老吉大健康产业有限公司诉加多宝（中国）饮料有限公司虚假宣传纠纷案 ………………………… 115

第一百二十四条　【继承权及其客体】………………… 116
第一百二十五条　【投资性权利】……………………… 116
第一百二十六条　【其他民事权益】…………………… 117
第一百二十七条　【对数据和网络虚拟财产的保护】 ……… 117

● **典型案例**

    俞某诉某科技公司网络服务合同案 ………………… 118

第一百二十八条　【对弱势群体的特别保护】………… 118
第一百二十九条　【民事权利的取得方式】…………… 119
第一百三十条　　【权利行使的自愿原则】…………… 120
第一百三十一条　【权利人的义务履行】……………… 120
第一百三十二条　【禁止权利滥用】…………………… 121

第六章　民事法律行为

第一节　一般规定

第一百三十三条　【民事法律行为的定义】…………… 122
第一百三十四条　【民事法律行为的成立】…………… 123

10

| 第一百三十五条 | 【民事法律行为的形式】 | 124 |
| 第一百三十六条 | 【民事法律行为的生效】 | 125 |

第二节 意思表示

第一百三十七条	【有相对人的意思表示的生效时间】	125
第一百三十八条	【无相对人的意思表示的生效时间】	126
第一百三十九条	【公告的意思表示的生效时间】	126
第一百四十条	【意思表示的方式】	127
第一百四十一条	【意思表示的撤回】	127
第一百四十二条	【意思表示的解释】	128

第三节 民事法律行为的效力

第一百四十三条	【民事法律行为的有效条件】	129
第一百四十四条	【无民事行为能力人实施的民事法律行为】	129
第一百四十五条	【限制民事行为能力人实施的民事法律行为】	130
第一百四十六条	【虚假表示与隐藏行为效力】	131
第一百四十七条	【重大误解】	131
第一百四十八条	【欺诈】	133

● 典型案例

宠物店销售病猫案 …… 134

第一百四十九条	【第三人欺诈】	135
第一百五十条	【胁迫】	136
第一百五十一条	【乘人之危导致的显失公平】	137

第一百五十二条　【撤销权的消灭期间】…………… 138

第一百五十三条　【违反强制性规定及违背公序良俗的民事法律行为的效力】…………… 139

第一百五十四条　【恶意串通】…………… 139

● 典型案例

上海欧宝生物科技有限公司诉辽宁特莱维置业发展有限公司企业借贷纠纷案…………… 140

第一百五十五条　【无效或者被撤销民事法律行为自始无效】…………… 141

第一百五十六条　【民事法律行为部分无效】…………… 141

第一百五十七条　【民事法律行为无效、被撤销、不生效力的法律后果】…………… 142

第四节　民事法律行为的附条件和附期限

第一百五十八条　【附条件的民事法律行为】…………… 143

第一百五十九条　【条件成就或不成就的拟制】…………… 144

第一百六十条　【附期限的民事法律行为】…………… 144

第七章　代　理

第一节　一　般　规　定

第一百六十一条　【代理的适用范围】…………… 145

第一百六十二条　【代理的效力】…………… 146

第一百六十三条　【代理的类型】…………… 147

第一百六十四条　【不当代理的民事责任】…………… 148

第二节 委托代理

第一百六十五条 【授权委托书】·················· 149
第一百六十六条 【共同代理】···················· 149
第一百六十七条 【违法代理的责任承担】·········· 150
第一百六十八条 【禁止自己代理和双方代理】······ 150
第一百六十九条 【复代理】······················ 152
第 一 百 七 十 条 【职务代理】······················ 153
第一百七十一条 【无权代理】···················· 154
第一百七十二条 【表见代理】···················· 156

第三节 代理终止

第一百七十三条 【委托代理的终止】·············· 157
第一百七十四条 【委托代理终止的例外】·········· 159
第一百七十五条 【法定代理的终止】·············· 159

第八章 民事责任

第一百七十六条 【民事责任】···················· 160
第一百七十七条 【按份责任】···················· 160
第一百七十八条 【连带责任】···················· 161
第一百七十九条 【民事责任的承担方式】·········· 163
第 一 百 八 十 条 【不可抗力】······················ 163
第一百八十一条 【正当防卫】···················· 164

● 典型案例

　朱凤山故意伤害（防卫过当）案··················· 165

● 相关案例索引

张那木拉正当防卫案 ·· 166

第一百八十二条　【紧急避险】 ·· 167

第一百八十三条　【因保护他人民事权益而受损的责任

承担】 ··· 169

● 典型案例

李某良、钟某梅诉吴某闲等生命权纠纷案 ·························· 169

● 相关案例索引

1. 重庆市涪陵志大物业管理有限公司诉重庆市涪陵区

人力资源和社会保障局劳动和社会保障行政确认案 ········ 170

2. 张庆福、张殿凯诉朱振彪生命权纠纷案 ······················ 170

第一百八十四条　【紧急救助的责任豁免】 ···························· 171

第一百八十五条　【英雄烈士人格利益的保护】 ····················· 171

● 典型案例

杭州市临平区人民检察院诉陈某英雄烈士保护民事

公益诉讼案 ·· 171

第一百八十六条　【违约责任与侵权责任的竞合】 ················· 172

第一百八十七条　【民事责任优先】 ···································· 172

第九章　诉讼时效

第一百八十八条　【普通诉讼时效】 ···································· 173

第一百八十九条　【分期履行债务诉讼时效的起算】 ·············· 174

第一百九十条　【对法定代理人请求权诉讼时效的起算】 ······ 175

第一百九十一条 【未成年人遭受性侵害的损害赔偿诉讼时效的起算】 ………… 175

第一百九十二条 【诉讼时效届满的法律效果】 ………… 175

● 典型案例

上海市虹口区久乐大厦小区业主大会诉上海环亚实业总公司业主共有权纠纷案 ………… 175

第一百九十三条 【诉讼时效援用】 ………… 176

第一百九十四条 【诉讼时效的中止】 ………… 176

第一百九十五条 【诉讼时效的中断】 ………… 177

第一百九十六条 【不适用诉讼时效的情形】 ………… 179

第一百九十七条 【诉讼时效法定】 ………… 179

第一百九十八条 【仲裁时效】 ………… 180

第一百九十九条 【除斥期间】 ………… 180

第十章 期间计算

第二百条 【期间的计算单位】 ………… 180

第二百零一条 【期间的起算】 ………… 180

第二百零二条 【期间结束】 ………… 181

第二百零三条 【期间计算的特殊规定】 ………… 181

第二百零四条 【期间法定或约定】 ………… 181

15

附 录

最高人民法院关于适用《中华人民共和国民法典》
总则编若干问题的解释 …………………………… 182
（2022 年 2 月 24 日）

最高人民法院关于适用《中华人民共和国民法典》
时间效力的若干规定 ……………………………… 191
（2020 年 12 月 29 日）

最高人民法院关于审理民事案件适用诉讼时效制度
若干问题的规定 …………………………………… 196
（2020 年 12 月 29 日）

《中华人民共和国民法典》总则编

(2020年5月28日第十三届全国人民代表大会第三次会议通过 2020年5月28日中华人民共和国主席令第45号公布 自2021年1月1日起施行)

目 录

第一编 总 则

第一章 基本规定

第二章 自然人

  第一节 民事权利能力和民事行为能力

  第二节 监 护

  第三节 宣告失踪和宣告死亡

  第四节 个体工商户和农村承包经营户

第三章 法 人

  第一节 一般规定

  第二节 营利法人

  第三节 非营利法人

  第四节 特别法人

第四章 非法人组织

第五章 民事权利

第六章 民事法律行为

第一节 一般规定
第二节 意思表示
第三节 民事法律行为的效力
第四节 民事法律行为的附条件和附期限
第七章 代　　理
第一节 一般规定
第二节 委托代理
第三节 代理终止
第八章 民事责任
第九章 诉讼时效
第十章 期间计算
……

第一编　总　　则

第一章　基 本 规 定

第一条 立法目的和依据[①]

为了保护民事主体的合法权益，调整民事关系，维护社会和经济秩序，适应中国特色社会主义发展要求，弘扬社会主义核心价值观，根据宪法，制定本法。

● 条文注释

本条的规范对象是民法的立法目的和立法根据。立法目的本身也

[①] 条文主旨为编者所加，下同。

可以说是一种立法价值根据。在民法中宣示立法目的和根据，有着独特的意义，即具有宣示民法的作用。从法律适用上讲，它和原则条款等一样，本身不具有直接适用性，不得单独援引为裁判依据，但可以与其他具体规范结合，构成系统解释、目的解释的规范基础。

● **相关规定**

《宪法》第 13 条

第二条　调整范围

民法调整平等主体的自然人、法人和非法人组织之间的人身关系和财产关系。

● **条文注释**

作为民法调整对象的平等主体之间的人身关系要注意：第一，人格平等。民法不调整非平等主体之间的法律关系，如行政关系。第二，非财产性。人身关系以特定的人身利益为内容，不能用金钱来衡量。第三，专属性。特定人的人身利益只能由特定的人享有，不可转让或抛弃。

● **相关规定**

《民事诉讼法》第 3 条

第三条　民事权利及其他合法权益受法律保护

民事主体的人身权利、财产权利以及其他合法权益受法律保护，任何组织或者个人不得侵犯。

● **相关规定**

《宪法》第 33 条

3

第四条 平等原则

民事主体在民事活动中的法律地位一律平等。

● **条文注释**

本条规定宣示了民法基本原则之一，即平等原则，又称人格平等原则或民事主体平等原则，重点体现为权利能力平等原则。基本原则条款也是我国宣示类条文的重要体现。

平等原则在理解上应有三层含义：一是民事主体地位具有抽象意义的平等，是谓法律地位平等。民事主体在民法上受平等地位规范，任何人不享有特殊地位，不因身份、性别、地位和其他原因而有差别。平等是特权的对立物，所谓特权，是指不合理的法律照顾，它是基于不合理根据而产生的差别待遇，如根据社会出身不同而在地位上有所差别。我国现实中，基于传统体制的影响，国家机关、事业单位和国有企业等参加民事活动时，时有凌驾于其他民事主体之上的现象，应当避免。二是这种法律平等主要体现为民事权利能力平等。这是一种主体资格的平等，任何自然人因出生而当然平等享有权利能力。这种权利能力平等广义上也包括法人的权利能力平等，但法人的这种平等与自然人的平等相比存在一定的差别，前者因为法人性质、国家法令等而受限制。三是平等也意味着民事主体平等受法律保护。任何民事主体在法律保护上都没有特权，平等受法律保护。必须注意，民事主体平等强调主体在资格和其他法律地位上的平等性，反对不合理的特权，但并不排斥依合理根据设定的必要差别。平等不等于没有差别，合理差别是允许的。如婚姻能力，民法以特定生理状态作为其取得条件之一，导致不同生理状态的自然人在取得婚姻能力上出现差别，这不是特权，而是基于生理和社会原因设定的合理差别。

需要注意的是，民事主体平等原则在当代存在一定的软化和松动现象。主要是因为随着社会复杂化发展，出现了社会经济关系上所谓的弱势主体，包括社会生活中的老人、妇女、儿童等，也包括经济关系中的消费者、劳动者等，在这种情况下绝对贯彻所谓民事主体法律地位平等，对于这些弱势主体来说并不合理，因此出现了对于平等原则绝对化进行纠偏的必要，赋予这些弱势主体某些特殊地位，对其加以特殊法律保护，以达成实际的平等。

● 相关规定

《消费者权益保护法》第4条

第五条　自愿原则

民事主体从事民事活动，应当遵循自愿原则，按照自己的意思设立、变更、终止民事法律关系。

● 条文注释

自愿原则和平等原则一样，是民法基本原则中具有核心地位的价值原则，发挥着体系的、基础的指导功能。自愿原则发轫于早期民法，在近代民法上基于尊崇理性自由主义和个人价值的需要，以合同自由原则来体现，上升为具有核心价值地位，与平等原则、私有权神圣、过错责任一起成为近代以来民法的四项原则。这种契约自由，包括当事人决定是否订约的自由、选择相对人的自由，也包括内容自由和形式自由，无论其内容如何、形式如何，法律一概须尊重当事人的意思。

自愿原则的内涵首先体现为民事主体可以按照自己的意思设立、变更和终止民事法律关系，包括决定是否创设或变动民事法律关系，与谁创设或变动民事法律关系，以及创设或变动什么内容的民事法律关系。其次，自愿原则体现在民法的多个领域：当事人在债法领域可以自由缔结契约，建立或变动法律关系；也可以在物权和婚姻领域，以契约的形式自由建立或变动法律关系；还允许在一定条件下，如在遗嘱场合或者在有形成权的场合，由当事人以单独行为自主建立或变动法律关系。不过，最彻底的自愿领域仍然是债法上的契约自由，其他领域则有较多内容或形式的限制。最后，自愿原则并非绝对，也是要受到必要限制，民事主体自主处理私法事务时，不得违反强制法规定，也不得违反公序良俗以及公平等。

● *相关规定*

《消费者权益保护法》第 4 条

第六条　公平原则

民事主体从事民事活动，应当遵循公平原则，合理确定各方的权利和义务。

● *相关规定*

《消费者权益保护法》第 4 条

第七条　诚信原则

民事主体从事民事活动，应当遵循诚信原则，秉持诚实，恪守承诺。

● *条文注释*

诚实信用原则要求人们在进行民事活动时应具有良好的心理状态，即善意、诚实、信用。善意要求行为人主观上不能有损人利己的心态，要以应有的注意义务防止损害他人利益；诚实要求行为人对他人以诚相待，不得弄虚作假；信用要求行为人进行民事活动时恪守承诺，履行自己承担的义务。

诚实信用原则的适用范围相当广泛，主要体现在：第一，民事主体在民事活动中要诚实，不弄虚作假，不欺诈，进行正当竞争；第二，民事主体应善意行使权利，不以损害他人和社会利益的方式来谋取私利；第三，民事主体应信守诺言，不擅自毁约，严格按照法律规定和当事人约定履行义务，兼顾各方利益；第四，在当事人约定不明确或订约后客观情形发生重大变化时，应按诚实信用原则的要求确定当事人的权利、义务和责任。

● *典型案例*

北京某旅游公司诉北京某村民委员会等合同纠纷案［人民法院贯彻实施民法典典型案例（第二批)①之七］

2019年2月26日，北京某村民委员会、北京某经济合作社、北京某旅游公司就北京某村域范围内旅游资源开发建设签订经营协议，经营面积595.88公顷，经营范围内有河沟、山谷、民宅等旅游资源，经营期限50年。北京某旅游公司交纳合作费用300万元。2018年年中，区水务局开始进行城市蓝线规划工作，至2019年年底形成正式稿，将涉案经营范围内河沟两侧划定为城市蓝线。2019年11月前后，北京某旅游公司得知河沟两侧被划定为城市蓝线，于2020年5月11日通知要求解除相关协议，后北京某旅游公司撤场。区水务局提供的城市蓝线图显示，城市蓝线沿着河沟两侧划定，大部分村民旧宅在城市蓝线范围外。区水务局陈述，城市蓝线是根据标准不同以及河道防洪等级不同划定的，开发建设必须保证不影响防洪，如果影响，需要

---

① 《人民法院贯彻实施民法典典型案例（第二批）》，载中华人民共和国最高人民法院网站，https：//www.court.gov.cn/zixun/xiangqing/386521.html，最后访问时间：2023年8月29日。

对河道进行治理，治理验收合格后则能正常开发建设。庭审中，北京某旅游公司未提交证据证明其对经营范围内区域进行旅游开发时，曾按照政策要求报请相关审批手续，也未提交证据证明因城市蓝线的划定相关政府部门向其出具禁止开展任何活动的通知。

生效裁判认为，本案中城市蓝线的划定不属于情势变更。城市蓝线划定不属于无法预见的重大变化，不会导致一方当事人无法履约。经营协议确定的绝大部分经营区域并不在城市蓝线范围内，对于在城市蓝线范围内的经营区域，北京某旅游公司亦可在履行相应行政审批手续、符合政策文件具体要求的情况下继续进行开发活动，城市蓝线政策不必然导致其履约困难。北京某村民委员会、北京某经济合作社并不存在违约行为，北京某旅游公司明确表示不再对经营范围进行民宿及旅游资源开发，属于违约一方，不享有合同的法定解除权。本案中，北京某旅游公司已撤场，且明确表示不再对经营范围进行民宿及旅游资源开发，要求解除或终止合同，而北京某村民委员会不同意解除或终止合同，要求北京某旅游公司继续履行合同。双方签订的经营协议系具有合作性质的长期性合同，北京某旅游公司是否对民宿及旅游资源进行开发建设必将影响北京某村民委员会的后期收益，北京某旅游公司的开发建设既属权利，也系义务，该不履行属"不履行非金钱债务"情形，且该债务不适合强制履行。同时，长期性合作合同须以双方自愿且相互信赖为前提，在涉案经营协议已丧失继续履行的现实可行性情形下，如不允许双方权利义务终止，既不利于充分发挥土地等资源的价值，又不利于双方利益的平衡保护。因此，涉案经营协议履行已陷入僵局，故对于当事人依据《民法典》第五百八十条请求终止合同权利义务关系的主张，人民法院予以支持。本案中，旅游开发建设未实际开展，合同权利义务关系终止后，产生恢复原状的法律后果，但合同权利义务关系终止不影响违约责任的承担。综合考虑北京某村民委员会前期费用支出、双方合同权利义务约定、北京某旅游公司的违约情形、合同实际履行期间等因素，酌定北京某村民委员会、北京某经济合作社退还北京某旅游公司部分合作费120万元。

● 相关规定

《反不正当竞争法》第2条

第八条 守法与公序良俗原则

民事主体从事民事活动，不得违反法律，不得违背公序良俗。

● 条文注释

不得违反法律和公序良俗原则，在适用中应当把握以下几点：

第一，这一原则是一项关于民事活动的原则，因此适用于全部民事活动领域，重点是法律行为，特别是合同领域，但又不限于此。

第二，所谓禁止违反的范畴，包括禁止违反法律和禁止违背公序良俗两个方面。其中，禁止违反法律中"法律"一词应该限定为强制性的法律，从目前学理和司法来看，不应仅限于法律中与保护民事权益目的直接相关的强制性规定，到了决定法律行为、合同无效的特殊领域，还应该限于那些有关效力性的强制性规定。至于公序良俗，则是指公共秩序和善良风俗，但其本身实际上是不确定的概念，随着社会发展而发展，并且具有相当程度的地域性，通常需要司法实践逐渐通过类型化方式确定其内涵。目前，在学理和司法实践上，公共秩序既体现为宪法和法律的公共秩序，也体现为社会共同体规范意义的公共秩序，即人们在长期生活中形成的公共生活秩序；善良风俗则主要指一般意义的社会道德、健康风俗，有时也包括较高层次的社会公德。

第三，这一原则的解释，应从客观标准出发，即不问当事人主观如何，客观上构成违反法律或公序良俗，便为法所不许。

第四，这一原则的违反，从适用效果的角度来看，应该根据相关具体化的规定加以确定、理解。例如，当事人从事法律行为或合同活动，违反法律和违背公序良俗，应该援引关于法律行为、合同无效的相关规定予以处理；当事人为权利行使，违反法律和公序良俗的，则按照权利行使不得违反法律和滥用的原则以及有关具体规定，做出失权效果或者其他类似法律效果的处理。

● *典型案例*

邹某玲诉某医院医疗服务合同纠纷案［人民法院贯彻实施民法典典型案例（第二批）[①] 之五］

2020年，邹某玲与丈夫陈某平因生育障碍问题，为实施试管婴儿辅助生育手术到被告湖南省某医院处进行助孕治疗，并于2020年10月1日签署了《助孕治疗情况及配子、胚胎处理知情同意书》等材料。因邹某玲的身体原因暂不宜实施胚胎移植手术，被告对符合冷冻条件的4枚胚胎于当日进行冷冻保存。2021年5月29日，陈某平死亡。后邹某玲要求被告继续为其实施胚胎移植手术，但被告以不能够为单身妇女实施辅助生殖术为由拒绝。

生效裁判认为，有关行政规范性文件规定"禁止给单身妇女实施人类辅助生殖技术"，但原告是否属于条文中的"单身妇女"需要结合规范目的及本案的案情综合看待。"单身妇女"应当指未有配偶者到医院实施人类辅助生殖技术的情形，原告是已实施完胚胎培育后丧

[①] 《人民法院贯彻实施民法典典型案例（第二批）》，载中华人民共和国最高人民法院网站，https：//www.court.gov.cn/zixun/xiangqing/386521.html，最后访问时间：2023年8月29日。

偶的妇女,与上述规定所指实施胚胎移植手术的单身妇女有本质区别。目前对于丧偶妇女要求继续移植与丈夫已受精完成的胚胎进行生育,法律并无禁止性规定。原告欲继续实施人类辅助生殖,既是为了寄托对丈夫的哀思,也是为人母的责任与担当的体现,符合人之常情和社会公众一般认知,不违背公序良俗。故判决湖南省某医院继续履行与原告的医疗服务合同。

● **相关规定**

《保险法》第4条;《专利法》第5条

第九条 绿色原则

民事主体从事民事活动,应当有利于节约资源、保护生态环境。

● **典型案例**

某研究所等与某光电公司环境民事公益诉讼案 [广东法院贯彻实施民法典典型案例(第一批)[①]之案例三]

某光电公司在生产新型平板显示器件、电子元器件等专用材料中,长期存在超标排放废水、废气等污染物,损害环境公共利益的行为。自2018年2月起的短短一年时间内,某光电公司因超标或超总量排污、违反限期治理制度、违反水污染和大气污染防治管理制度,被环保部门处罚达7次之多,但其水污染、大气污染问题至今没有解决,周边居民的日常生活受到严重影响。某研究所等以某光电公司存在长期连续超标排放污染物、构成环境民事侵权为由,提起环境民事

---

① 《广东法院贯彻实施民法典典型案例(第一批)》,载广东法院网,http://www.gdcourts.gov.cn/gsxx/quanweifabu/anlihuicui/content/post_1047260.html,最后访问时间:2023年8月29日。

公益诉讼，请求判令某光电公司立即停止侵权、消除危险、赔偿环境损失等。

深圳市中级人民法院生效判决认为，民事主体从事民事活动，应当有利于节约资源、保护生态环境。但某光电公司在正常生产，废水、废气处理设施正常运行的情况下，存在连续超标排放大气污染物及水污染物的情况，说明其对各项环保设施的日常管理与维护不利，其污染治理设施不足以处理生产产生的全部废水、废气，不能确保各类污染物长期稳定达标排放，已经造成环境损失和环境功能损失，损害社会公共利益。2021年1月27日，判决某光电公司立即停止侵害、消除危险，赔偿生态环境修复费用及服务功能的损失共计1000万元等。

● **相关规定**

《宪法》第9条第2款、第26条；《环境保护法》第6条

第十条 处理民事纠纷的依据

处理民事纠纷，应当依照法律；法律没有规定的，可以适用习惯，但是不得违背公序良俗。

● **实用问答**

问：如何认定本条所称的"习惯"？如何在司法实践中适用习惯？

答：《最高人民法院关于适用〈中华人民共和国民法典〉总则编若干问题的解释》第二条规定，在一定地域、行业范围内长期为一般人从事民事活动时普遍遵守的民间习俗、惯常做法等，可以认定为民法典第十条规定的习惯。当事人主张适用习惯的，应当就习惯及其具体内容提供相应证据；必要时，人民法院可以依职权查明。适用习惯，不得违背社会主义核心价值观，不得违背公序良俗。

第十一条　特别法优先

其他法律对民事关系有特别规定的，依照其规定。

● 条文注释

《最高人民法院关于适用〈中华人民共和国民法典〉总则编若干问题的解释》第一条规定，民法典第二编至第七编对民事关系有规定的，人民法院直接适用该规定；民法典第二编至第七编没有规定的，适用民法典第一编的规定，但是根据其性质不能适用的除外。

就同一民事关系，其他民事法律的规定属于对民法典相应规定的细化的，应当适用该民事法律的规定。民法典规定适用其他法律的，适用该法律的规定。

民法典及其他法律对民事关系没有具体规定的，可以遵循民法典关于基本原则的规定。

● 相关规定

《涉外民事关系法律适用法》第2条；《最高人民法院关于适用〈中华人民共和国民法典〉总则编若干问题的解释》第1条

第十二条　民法的效力范围

中华人民共和国领域内的民事活动，适用中华人民共和国法律。法律另有规定的，依照其规定。

● 相关规定

《涉外民事关系法律适用法》第3条

第二章 自 然 人

第一节 民事权利能力和民事行为能力

第十三条 自然人民事权利能力的起止时间

自然人从出生时起到死亡时止,具有民事权利能力,依法享有民事权利,承担民事义务。

● **条文注释**

自然人的民事权利能力开始于出生,胎儿全部脱离母体,且在分离之际有呼吸行为,为出生完成。按照当代医学公认的出生标准,出生应为胎儿完全脱离母体,独立存在,并能自主呼吸。自然人出生,即具有民事权利能力,享有民事权利,承担民事义务。

自然人的民事权利能力终止于死亡,包括生理死亡和宣告死亡。生理死亡为自然死亡,是指自然人生命的自然终结;宣告死亡是基于法律的规定而宣告自然人死亡。

自然人死亡的法律效果是:(1)该自然人不再具有民事权利能力,不能再作为民事权利主体;(2)该自然人的民事权利和民事义务终止,发生继承开始、遗嘱继承或遗赠发生效力、婚姻关系消灭、委托关系终止等法律效果。

第十四条 民事权利能力平等

自然人的民事权利能力一律平等。

第十五条 出生和死亡时间的认定

自然人的出生时间和死亡时间,以出生证明、死亡证明记载的时间为准;没有出生证明、死亡证明的,以户籍登记或者其他有效身份登记记载的时间为准。有其他证据足以推翻以上记载时间的,以该证据证明的时间为准。

● **相关规定**

《户口登记条例》第7条、第8条

第十六条 胎儿利益保护

涉及遗产继承、接受赠与等胎儿利益保护的,胎儿视为具有民事权利能力。但是,胎儿娩出时为死体的,其民事权利能力自始不存在。

第十七条 成年时间

十八周岁以上的自然人为成年人。不满十八周岁的自然人为未成年人。

● **条文注释**

设立自然人成年制度,比仅仅将18周岁作为完全民事行为能力的年龄起点意义更加丰富,如成年往往意味着很多法律上活动限制的解除。

成年年龄不仅是自然人享有完全民事行为能力的标准,也是许多方面得以解除私法活动限制的标准,如饮酒等。因成年人一般已具有相当的知识和社会经验,且开始独立生活,故在社会交往中能够判断和预见自己行为的法律后果。法律不仅赋予成年人完全民事

15

行为能力，使其能够不依赖他人而独立实施法律行为，而且允许其破除其他许多未成年人不能涉足的禁区，可以参加更加广泛的社会活动。

● *相关规定*

《宪法》第34条；《未成年人保护法》第2条

第十八条　完全民事行为能力人

成年人为完全民事行为能力人，可以独立实施民事法律行为。

十六周岁以上的未成年人，以自己的劳动收入为主要生活来源的，视为完全民事行为能力人。

● *条文注释*

本条规定应该理解以下几点：

第一，成年即具有完全民事行为能力。18周岁为具有完全民事权利能力的年龄门槛，超过此年龄并无智力障碍者可具备完全民事行为能力。

第二，成年人具有完全民事行为能力，就是可以独立实施法律行为，并承担相应的法律后果。本条关于民事行为能力的规定应属于强制性规定，任何人均不得放弃其民事行为能力，限制或者剥夺自然人的民事行为能力的行为一律无效。

第三，16周岁以上的未成年人，以自己的劳动收入为主要生活来源的，视为完全民事行为能力人。这是民事行为能力缓和的表现，与《中华人民共和国劳动法》第十五条关于劳动能力自16周岁起的规定相一致。年满16周岁的未成年人，只要不欠缺辨认自己行为的能力，一是具有一定的劳动收入，即依靠自己的劳动获得一定的收入；二是劳动收入构成其主要生活来源，也就是其劳动收入能够维持其生活，即视为完全民事行为能力人。

● *相关规定*

《劳动法》第 15 条

第十九条 限制民事行为能力的未成年人

> 八周岁以上的未成年人为限制民事行为能力人，实施民事法律行为由其法定代理人代理或者经其法定代理人同意、追认；但是，可以独立实施纯获利益的民事法律行为或者与其年龄、智力相适应的民事法律行为。

● *条文注释*

限制民事行为能力的未成年人具有受限制的民事行为能力，可以实施与其年龄、智力、健康状况相适应的法律行为，其他民事活动的实施应由他们的法定代理人代为进行，或者征得他们法定代理人的同意或者追认。限制民事行为能力的未成年人实施民事法律行为，经过其法定代理人代理，或者征得其法定代理人同意或者追认，才能发生法律效力。

限制民事行为能力的未成年人可以独立实施的民事法律行为有：（1）纯获利益的民事法律行为。纯获利益是指单纯取得权利、免除义务，即限制民事行为能力人获得利益时，不因其法律行为而在法律上负有任何义务。这样的行为，限制民事行为能力的未成年人可以独立实施。（2）与限制民事行为能力人的年龄、智力相适应的民事法律行为。限制民事行为能力人可以实施与其年龄、智力相适应的民事法律

17

行为。遵循"必需品规则",与未成年人的生活条件和与其在出售和交付时的实际需要相适应的物品,应以其经济能力、身份、地位、职业等情况为标准来判断。法定代理人事先为其子女确定目的范围,允许子女在该范围内处分财产,是对未成年子女的事先授权,该子女在该授权范围内实施的处分行为有效,也属于与限制民事行为能力人的年龄、智力相适应的民事法律行为。

● 实用问答

问:如何认定限制民事行为能力人独立实施的民事法律行为是否与其年龄、智力相适应?

答:《最高人民法院关于适用〈中华人民共和国民法典〉总则编若干问题的解释》第五条规定,限制民事行为能力人实施的民事法律行为是否与其年龄、智力、精神健康状况相适应,人民法院可以从行为与本人生活相关联的程度,本人的智力、精神健康状况能否理解其行为并预见相应的后果,以及标的、数量、价款或者报酬等方面认定。

● 相关规定

《保险法》第47条;《最高人民法院关于适用〈中华人民共和国民法典〉总则编若干问题的解释》第5条

第二十条 无民事行为能力的未成年人

不满八周岁的未成年人为无民事行为能力人,由其法定代理人代理实施民事法律行为。

● 条文注释

无民事行为能力,是指自然人完全不具有独立进行有效法律行为，取得民事权利和承担义务的民事行为能力状态。未满8周岁的未成年人处于生长发育的初级阶段，他们虽然也有一定的辨识能力，但是往往不能理性地从事民事活动。如果法律准许其实施民事行为，既容易使他们蒙受损害，也不利于交易安全，因而将其规定为无民事行为能力人，不能独立实施民事法律行为。

第二十一条　无民事行为能力的成年人

> 不能辨认自己行为的成年人为无民事行为能力人，由其法定代理人代理实施民事法律行为。
>
> 八周岁以上的未成年人不能辨认自己行为的，适用前款规定。

● 条文注释

本条是关于不能辨认自己行为的成年人和8周岁以上的未成年人的民事行为能力的规定。已满18周岁的成年人，只要是不能辨认自己行为的，就是无民事行为能力人，而不再区分是因何原因而不能辨认自己的行为。8周岁以上的未成年人原本是限制民事行为能力人，如果8周岁以上的未成年人也不能辨认自己的行为，与不能辨认自己行为的成年人一样，也是无民事行为能力人。无民事行为能力的成年人或者8周岁以上不能辨认自己行为的未成年人，在实施民事法律行为时，都须由其法定代理人代理，不得独立实施，否则视为无效。

● 相关规定

《精神卫生法》第83条

第二十二条 限制民事行为能力的成年人

不能完全辨认自己行为的成年人为限制民事行为能力人，实施民事法律行为由其法定代理人代理或者经其法定代理人同意、追认；但是，可以独立实施纯获利益的民事法律行为或者与其智力、精神健康状况相适应的民事法律行为。

● **条文注释**

不能完全辨认自己行为的成年人既然是限制民事行为能力人，那么应适用限制民事行为能力的规定。首先，可以独立实施纯获利益的民事法律行为或者与其智力、精神健康状况相适应的民事法律行为；其次，不能独立实施超出其辨认能力的其他法律行为，而应当由其法定代理人代理，或者经其法定代理人事先同意或事后追认。

● **典型案例**

傅甲诉傅乙等侵权赔偿纠纷案[①]

原告傅甲起诉称，被告傅乙、傅丙未经原告同意擅自将原告名下房屋出售，且出售款项至今未交与原告。请求判令：一、被告傅乙赔偿原告损失850000元；二、被告傅乙赔偿原告精神损失费20000元；三、被告傅丙归还不当得利50000元。

人民法院经审理认为，民事行为能力是民事主体独立地以自己的行为为自己或他人取得民事权利和承担民事义务的能力，原告独立行使诉权，在起诉时其必须具备完全民事行为能力，而结合医院的住院病历及走访社区了解的情况，原告不具备完全的认识和判断能力，法院遂依法裁定驳回原告傅甲的起诉。

---

① 该案为编者根据工作、研究所得编辑加工而成。

对于不能完全辨认自己行为的成年人，需要判断其实施的民事法律行为是否为纯获利益的民事法律行为或者与其智力、精神健康状况相适应的民事法律行为。具体到本案，原告实施的起诉行为一方面不属于接受奖励、赠与、报酬等纯获利益的行为，另一方面由于起诉行为系由一系列行为组成，具有一定的复杂性，不属于与限制民事行为能力人的智力、精神健康状况相适应的民事法律行为，因而不能由原告独立实施，而需要由其法定代理人代理或经其法定代理人同意、追认。基于此，人民法院作出驳回起诉的裁定。

● *相关规定*

《精神卫生法》第83条

第二十三条　非完全民事行为能力人的法定代理人

无民事行为能力人、限制民事行为能力人的监护人是其法定代理人。

第二十四条　民事行为能力的认定及恢复

不能辨认或者不能完全辨认自己行为的成年人，其利害关系人或者有关组织，可以向人民法院申请认定该成年人为无民事行为能力人或者限制民事行为能力人。

被人民法院认定为无民事行为能力人或者限制民事行为能力人的，经本人、利害关系人或者有关组织申请，人民法院可以根据其智力、精神健康恢复的状况，认定该成年人恢复为限制民事行为能力人或者完全民事行为能力人。

本条规定的有关组织包括：居民委员会、村民委员会、学校、医疗机构、妇女联合会、残疾人联合会、依法设立的老年人组织、民政部门等。

● *条文注释*

其一，关于成年人欠缺民事行为能力的司法认定的条件和程序。根据本条第一款的规定，认定成年人为无民事行为能力人或者限制民事行为能力人应具备两项条件：（1）须被申请人不能辨认或者不能完全辨认自己行为；（2）须利害关系人或者有关组织的申请。其中，本条第三款规定了利害关系人或者有关组织的范围，为了不使这一制度落空，规定的可以作为申请资格人的"有关组织"非常广泛，包括"居民委员会、村民委员会、学校、医疗机构、妇女联合会、残疾人联合会、依法设立的老年人组织、民政部门等"。人民法院受理申请后，应当按照特定程序予以处理，最终作出司法认定。具体认定程序，应适用《中华人民共和国民事诉讼法》特别程序中"认定公民无民事行为能力、限制民事行为能力案件"的规定。

其二，关于成年人欠缺民事行为能力经司法认定后的后果。本条规定的目的在于抽象地认定不能辨认或者不能完全辨认自己行为的成年人为无民事行为能力人或者限制民事行为能力人。因此，不能辨认自己行为的成年人经司法认定后为无民事行为能力人，应适用无民事行为能力人的规定，其实施法律行为，应当由其法定代理人代理。不能完全辨认自己行为的成年人经司法认定后为限制行为能力人，应适用限制民事行为能力人的规定，除了独立实施纯获利益的民事法律行为或者与其智力、精神健康状况相适应的民事法律行为之外，其实施法律行为，应当由其法定代理人代理或者经其法定代理人同意、追认。

其三,这种司法认定可以基于相反的事实而通过一定程序撤销。根据本条第二款的规定,被认定为无民事行为能力人或者限制民事行为能力人的成年人,根据其智力、精神健康恢复的状态,经本人、利害关系人或有关组织的申请,法院应认定该成年人恢复为限制民事行为能力人或者完全民事行为能力人。

● **典型案例**

叶甲申请作为监护人案①

叶乙于2018年开始出现精神病症状,表现为自言自语、话少、无故外出游走、言行紊乱等。2023年7月病情加重。经某司法鉴定所出具司法鉴定书确认,叶乙思维贫乏、情感淡漠、行为孤僻、意志明显减退,并残留幻听、被害妄想,符合精神分裂症的诊断标准;不能正确理解和辨认自己的行为,应当认定为无民事行为能力人。申请人叶甲认为,被申请人所在街道有残疾调查,并不时发放低保补贴及物品等,但被申请人在某医院治疗,无法自行领取。且被申请人叶乙之父母及兄长叶丙已去世,无其他兄弟姐妹,未婚无子女,叶甲作为其姑姑一直照顾其生活,故向法院申请确认叶乙无民事行为能力,并由申请人叶甲作为其监护人。

人民法院经审理认为,通过审查申请人提供的证据及走访被申请人所在社区居民委员会确认,叶乙目前患有精神分裂症,不能正确理解和辨认自己的行为,可以认定为无民事行为能力人,故叶甲申请宣告叶乙为无民事行为能力人,理由正当,法院予以支持。申请人叶甲系其关系较近的其他亲属,在叶乙之父叶丁去世后一直承担叶乙的照

---

① 该案为编者根据工作、研究所得编辑加工而成。

顾工作，社区居委会就叶乙的问题一直是与叶甲进行联系，也同意由叶甲作为其监护人，遂判决宣告叶乙为无民事行为能力人，指定叶甲为叶乙的监护人。

第二十五条　自然人的住所

自然人以户籍登记或者其他有效身份登记记载的居所为住所；经常居所与住所不一致的，经常居所视为住所。

● 相关规定

《民事诉讼法》第 21~22 条

第二节　监　　护

第二十六条　父母子女之间的法律义务

父母对未成年子女负有抚养、教育和保护的义务。

成年子女对父母负有赡养、扶助和保护的义务。

● 条文注释

本条规定的是父母抚养、教育和保护未成年子女的义务与成年子女赡养、扶助和保护父母的义务。我国采取最广义上的监护概念，它包括比较法上的亲权和广义上的监护。本条第一句规定的是父母抚养、教育与保护子女的义务，对应的即未成年子女的受抚养权、受教育权与受保护权；第二句规定的是成年子女赡养、扶助与保护父母的义务，对应的即父母对成年子女所享有的受赡养权、受扶助权与受保护权。

● 相关规定

《宪法》第 49 条；《未成年人保护法》第 7 条；《老年人权益保

障法》第14条

第二十七条　未成年人的监护人

父母是未成年子女的监护人。

未成年人的父母已经死亡或者没有监护能力的，由下列有监护能力的人按顺序担任监护人：

（一）祖父母、外祖父母；

（二）兄、姐；

（三）其他愿意担任监护人的个人或者组织，但是须经未成年人住所地的居民委员会、村民委员会或者民政部门同意。

● 条文注释

本条规定的是未成年人的法定监护人。监护是对无民事行为能力人或者限制民事行为能力人的人身、财产及其他合法权益进行监督和保护的民事法律制度。履行监督和保护职责的人，称为监护人；被监督和保护的人，称为被监护人。法定监护是由法律直接规定谁为监护人。法定监护应依照法律规定的监护顺序，以顺序在先者为监护人，在前一顺序的法定监护人缺位时，依次由后一顺序的法定监护人担任。

● 实用问答

问：如何认定自然人或者组织是否具有监护能力？

答：《最高人民法院关于适用〈中华人民共和国民法典〉总则编若干问题的解释》第六条规定，人民法院认定自然人的监护能力，应当根据其年龄、身心健康状况、经济条件等因素确定；认定有关组织的监护能力，应当根据其资质、信用、财产状况等因素确定。

● **典型案例**

1. 乐平市民政局申请撤销罗某监护人资格案 [人民法院贯彻实施民法典典型案例（第二批）① 之一]

被申请人罗某系吴某1（11岁）、吴某2（10岁）、吴某3（8岁）三姐弟的生母。罗某自三子女婴幼时期起既未履行抚养教育义务，又未支付抚养费用，不履行监护职责，且与他人另组建家庭并生育子女。罗某在知道三个孩子的父亲、祖父均去世，家中无其他近亲属照料、抚养孩子的情况下，仍不管不问，拒不履行监护职责达6年以上，导致三子女生活处于极其危困状态。为保障三姐弟的合法权益，乐平市民政局向人民法院申请撤销罗某对三姐弟的监护人资格，并指定该民政局为三姐弟的监护人。

生效裁判认为，被申请人罗某作为被监护人吴某1、吴某2、吴某3的生母及法定监护人，在三名被监护人年幼时离家出走，六年期间未履行对子女的抚养、照顾、教育等义务；在被监护人父亲去世，三名被监护人处于无人照看、生活危困的状况下，被申请人知情后仍怠于履行监护职责，导致三名未成年人流离失所，其行为已严重侵害了三名被监护人的合法权益。监护人怠于履行监护职责导致被监护人处于危困状态，人民法院根据乐平市民政局的申请，依法撤销了罗某的监护人资格。被监护人的祖父过世，祖母情况不明，外祖父母远在贵州且从未与三名被监护人共同生活，上述顺位亲属均不能或者不适合担任吴某1、吴某2、吴某3的监护人。考虑到现在的临时照料家庭能够为孩子们提供良好的成长环境和安定的生活保障，经人民法院与乐平市民政局沟通后，明确三名被监护人由乐平市民政局监护，便于

---

① 《人民法院贯彻实施民法典典型案例（第二批）》，载中华人民共和国最高人民法院网站，https://www.court.gov.cn/zixun/xiangqing/386521.html，最后访问时间：2023年8月29日。

其通过相应法定程序与"临时家庭"完善收养手续，将临时照料人转变为合法收养人，与三姐弟建立起完整的亲权法律关系。如此，三姐弟能获得良好的教育、感受家庭的温暖，三个临时照料家庭的父母也能享天伦之乐。故判决自 2022 年 5 月 27 日起，吴某1、吴某2、吴某3 的监护人由乐平市民政局担任。

2. 吴某娟申请指定监护人案［广东法院贯彻实施民法典典型案例（第一批）①之案例七］

吴某芳于 2006 年 7 月出生，系吴某钦和黄某梅的婚生女。吴某芳的父母、祖父母、外祖父均已去世，外祖母年事已高，无能力监护，同母异父之兄长虽成年，但能力有限，且未与吴某芳共同生活。吴某芳与吴某娟系姑侄关系，自吴某芳的母亲 2016 年去世后，吴某芳一直与吴某娟共同生活。吴某芳的外祖母与兄长均同意指定吴某娟为吴某芳的监护人，且经吴某芳经常居住地的村民委员会同意。为此，吴某娟申请法院指定其为吴某芳的监护人。

深圳市福田区人民法院生效判决认为，吴某芳为限制民事行为能力人，为保护其合法权利，应为其指定监护人。根据《中华人民共和国民法典》第三十一条规定，吴某娟可以直接向人民法院申请指定监护人。吴某芳的父母、祖父母、外祖父均已去世，外祖母无能力监护，同母异父之兄长能力有限，对于指定吴某娟为监护人均无异议，且经吴某芳经常居住地的村民委员会同意。吴某芳一直与吴某娟共同生活，由其照顾，如确定吴某娟为监护人，将不改变吴某芳的学习生活环境，也更有利于吴某芳的健康成长，为此，吴某娟担任监护人符合《中华人民共和国民法典》第二十七条规定的监护资格和条件。

---

① 《广东法院贯彻实施民法典典型案例（第一批）》，载广东法院网，http：//www.gdcourts.gov.cn/gsxx/quanweifabu/anlihuicui/content/post_1047260.html，最后访问时间：2023 年 8 月 29 日。

2021年4月23日，判决指定吴某娟为吴某芳的监护人。

● *相关规定*

《最高人民法院关于适用〈中华人民共和国民法典〉总则编若干问题的解释》第6~8条

第二十八条 非完全民事行为能力成年人的监护人

无民事行为能力或者限制民事行为能力的成年人，由下列有监护能力的人按顺序担任监护人：

（一）配偶；

（二）父母、子女；

（三）其他近亲属；

（四）其他愿意担任监护人的个人或者组织，但是须经被监护人住所地的居民委员会、村民委员会或者民政部门同意。

● *条文注释*

本条是对无民事行为能力或者限制民事行为能力的成年人设置监护人的规定。

无民事行为能力或者限制民事行为能力的成年人被设立监护人后，为被监护人。在无民事行为能力或者限制民事行为能力的成年人中，丧失或者部分丧失民事行为能力的老年人更需要监护制度予以保护。如老年痴呆症作为一种智力上的障碍，直接影响其辨认能力，甚至会使其辨认能力完全丧失，须设置监护人予以保护。

对丧失或者部分丧失民事行为能力的成年人的监护人范围和监护顺序是：(1) 配偶；(2) 父母、子女；(3) 其他近亲属；(4) 其他愿意担任监护人的个人或者组织，但是须经被监护人住所地的居民委员会、村民委员会或者民政部门同意。依照法定监护方式设定监护人，按上述法定顺序，由顺序在先的监护人自动担任，监护人设定之后，即发生监护法律关系。

● *典型案例*

1. 孙某乙申请变更监护人纠纷案（最高人民法院老年人权益保护第二批典型案例①之案例二）

被监护人孙某某现年 84 岁，曾患小儿麻痹症，有肢体残疾后遗症，父母、妻子均已过世。2019 年，孙某某的房屋因旧房改造被征收。孙某某的女儿孙某甲在其不知情的情况下，申请对孙某某行为能力鉴定并指定自己为监护人，后经司法鉴定科学研究院鉴定，法院判决宣告孙某某为限制民事行为能力人，指定孙某甲为其监护人。现孙某某侄女孙某乙起诉要求变更监护人。经法院查明，上海市普陀区公证处出具的《公证书》载明，孙某某与孙某乙等签订的《意定监护协议》约定委任孙某乙为意定监护人、陶某某为监护监督人。房屋拆迁后，孙某某不再与孙某甲共同生活，孙某某的钱款和证件等均处于孙某乙及其父亲的保存与管理中，孙某乙对其进行照顾。审理中，法院在庭审与居住地调查中多次征询孙某某意见，其均表示希望孙某乙作为监护人。

上海市静安区人民法院认为，孙某某虽为限制民事行为能力人，但有一定的理解表达能力，其多次表示不愿意让孙某甲担任监护人、同意孙某乙担任监护人，态度十分坚决。考虑被监护人孙某某的实际状况，孙某甲在客观上无法再继续履行监护职责，亦未将监护责任部

---

① 参见《最高人民法院发布老年人权益保护第二批典型案例》，载中华人民共和国最高人民法院网站，https://www.court.gov.cn/zixun/xiangqing/354121.html，最后访问时间：2023 年 8 月 29 日。

分或全部委托给他人。从有利于被监护人孙某某的角度出发，判决变更监护人为孙某乙，希望孙某乙能从维护被监护人利益的角度出发，依法行使监护的权利，认真履行监护职责，切实保护孙某某的人身、财产及其他合法权益，除为维护孙某某的利益外，不得擅自处理孙某某的财产。若孙某乙存在侵害被监护人利益的情况，孙某甲等其他愿意担任孙某某监护人的个人或组织亦可申请法院变更监护人。

2. 范某甲、范某乙申请作为监护人案[①]

李某与范某丙为夫妻，范某甲、范某乙系其婚生子女。范某丙自2020年起因病瘫痪在床，由李某照顾至今。2023年6月，某医院诊断范某丙患有脑梗死、脑出血后遗症［脑萎缩、痴呆（严重认知障碍）、完全性失语、四肢瘫痪、吞咽困难、交流障碍、生活完全不能自理］。经李某与范某丙所在社区证明，范某丙现实健康状况不佳，一直由李某护理照顾范某丙，该社区依法指定李某为范某丙的监护人。

原告范某甲、范某乙诉称，二原告是范某丙与被告李某的婚生子女，由于范某丙本人患有老年痴呆，无民事行为能力，为了更好地维护范某丙的权利，二原告现请求人民法院确认范某丙为无民事行为能力人，并确认被告李某为范某丙监护人。被告李某辩称，本人与范某丙系夫妻，二原告系本人与范某丙的婚生子女，范某丙因病多年，无民事行为能力，本人请求人民法院在确认范某丙为无民事行为能力人的同时确认本人为范某丙监护人。

人民法院经审理认为，结合社区证明、医院诊断证明书、范某丙健康状况不佳，足以证明范某丙现为无民事行为能力人。根据原、被

---

① 该案为编者根据工作、研究所得编辑加工而成。

告双方陈述及户口簿、李某职工登记表、社区证明能够认定范某丙与被告李某的夫妻关系及在范某丙身患脑梗死、脑出血后遗症丧失民事行为能力期间一直由被告李某护理照顾，并经社区指定李某为范某丙的监护人，经法院审查李某具有完全民事行为能力，符合作为范某丙监护人的条件，法院依法尊重原、被告意见，确认被告李某为范某丙的监护人，判决由被告李某作为无民事行为能力人范某丙的监护人。

第二十九条 遗嘱指定监护

被监护人的父母担任监护人的，可以通过遗嘱指定监护人。

● *条文注释*

本条规定的是遗嘱监护制度，赋予担任监护人的父母通过遗嘱确定监护人的可能性。通过遗嘱方式设立监护是私法自治原则在监护人选任方面的体现。

遗嘱监护是目前被世界各地普遍采用且已较为成熟的监护类型。遗嘱监护是指后死亡的父母一方为需要监护的子女以遗嘱指定监护人的类型。遗嘱监护是父母生前对需要监护的子女的监护人作出的安排。担任监护人的父母系需要监护的子女最亲密、最值得信赖的人，父母对子女的情况最了解，他们能够从子女的最大利益出发，从亲属、朋友中选择出最适合、最有责任心的人担任需要监护的子女的监护人。因此，由父母为需要监护的子女选择监护人合情合理，被我国立法所采纳。

● *实用问答*

问：遗嘱生效时，被指定的人不同意担任监护人的，如何处理？

答：《最高人民法院关于适用〈中华人民共和国民法典〉总则编若干问题的解释》第七条第一款规定，担任监护人的被监护人父母通过遗嘱指定监护人，遗嘱生效时被指定的人不同意担任监护人的，人民法院应当适用民法典第二十七条、第二十八条的规定确定监护人。

● **相关规定**

《最高人民法院关于适用〈中华人民共和国民法典〉总则编若干问题的解释》第7条

第三十条 协议确定监护人

依法具有监护资格的人之间可以协议确定监护人。协议确定监护人应当尊重被监护人的真实意愿。

● **条文注释**

监护是法定职责，具有强制性，核心在于保护被监护人，原本不宜委托。我国从对被监护人的教育和照顾的必要性出发，有条件地承认监护委托；通过协商确定具有监护资格的人中谁作为被监护人的监护人，实际上就是一种监护委托。本条确认这种具有监护资格的人通过协商委托其中一人作为监护人的协议，具有法律上的效力。通过协议设立监护人应当有协议文书，将协议签订的具体内容表述清楚、明确，具有监护资格的人应当在监护协议书上签字、盖章或者按指印。

第三十一条 监护争议解决程序

对监护人的确定有争议的，由被监护人住所地的居民委员会、村民委员会或者民政部门指定监护人，有关当事人对指定不服的，可以向人民法院申请指定监护人；有关当事人也可以直接向人民法院申请指定监护人。

居民委员会、村民委员会、民政部门或者人民法院应当尊重被监护人的真实意愿，按照最有利于被监护人的原则在依法具有监护资格的人中指定监护人。

依据本条第一款规定指定监护人前，被监护人的人身权利、财产权利以及其他合法权益处于无人保护状态的，由被监护人住所地的居民委员会、村民委员会、法律规定的有关组织或者民政部门担任临时监护人。

监护人被指定后，不得擅自变更；擅自变更的，不免除被指定的监护人的责任。

● *条文注释*

发生指定监护的条件，是对担任监护人有争议。没有这个条件，就不发生指定监护的问题。具有指定监护人资格的机构，是被监护人住所地的居民委员会、村民委员会或者民政部门。它们有权指定有监护资格的人担任监护人。由居民委员会或者村民委员会以及民政部门指定的监护人，就是指定监护人。当有关当事人对上述机构指定监护人不服，规定了司法救济程序，即有关当事人可以向人民法院提出申请；有关当事人也可以直接向人民法院提出申请，由人民法院指定。人民法院通过裁判指定的监护人，也是指定监护人。

无论是居民委员会、村民委员会、民政部门还是人民法院，指定监护人须遵守的要求是：（1）应当尊重被监护人的真实意愿，凡是被监护人能够表达自己真实意愿的，都应当予以尊重；（2）按照最有利于被监护人的原则，选择被监护人；（3）在具有监护资格的人中指定监护人，而不是在其他人中指定监护人。

居民委员会、村民委员会、民政部门以及人民法院在依照上述规

33

定指定监护人之前,如果被监护人的人身、财产权利及其他合法权益处于无人保护状态的,应当采取临时监护措施,由被监护人住所地的居民委员会、村民委员会、法律规定的有关组织或者民政部门担任临时监护人,担负起对被监护人的监护职责,避免被监护人因监护人的缺位而受到侵害。

● *实用问答*

问:**指定监护人时,应当参考的因素有哪些?**

答:《最高人民法院关于适用〈中华人民共和国民法典〉总则编若干问题的解释》第九条第一款规定,人民法院依据民法典第三十一条第二款、第三十六条第一款的规定指定监护人时,应当尊重被监护人的真实意愿,按照最有利于被监护人的原则指定,具体参考以下因素:(一)与被监护人生活、情感联系的密切程度;(二)依法具有监护资格的人的监护顺序;(三)是否有不利于履行监护职责的违法犯罪等情形;(四)依法具有监护资格的人的监护能力、意愿、品行等。

问:**指定的监护人只能是一个人吗?**

答:不一定。《最高人民法院关于适用〈中华人民共和国民法典〉总则编若干问题的解释》第九条第二款规定,人民法院依法指定的监护人一般应当是一人,由数人共同担任监护人更有利于保护被监护人利益的,也可以是数人。

● *相关规定*

《最高人民法院关于适用〈中华人民共和国民法典〉总则编若干问题的解释》第9条

第三十二条　公职监护人

没有依法具有监护资格的人的，监护人由民政部门担任，也可以由具备履行监护职责条件的被监护人住所地的居民委员会、村民委员会担任。

● **条文注释**

设定公职监护人，须被监护人没有依法具有监护资格的人，包括法定监护人、意定监护人和自愿监护人。上述民政部门或者居民委员会、村民委员会对被监护人作出监护意思表示的，即为公职监护人。

政府的民政主管部门在监护制度中具有两项重要职责：一是对无民事行为能力人和限制民事行为能力人的监护进行监督，监督无民事行为能力或者限制民事行为能力人的监护人依法履行监护职责；二是在无民事行为能力人或者限制民事行为能力人的监护人缺位时，自己可以作为其监护人，履行监护职责。

● **典型案例**

1. 广州市黄埔区民政局与陈某金申请变更监护人案［人民法院贯彻实施民法典典型案例（第一批）①　之一］

吴某，2010年10月28日出生，于2011年8月22日被收养。吴某为智力残疾三级，其养父母于2012年和2014年先后因病死亡，后由其养祖母陈某金作为监护人。除每月500余元农村养老保险及每年2000余元社区股份分红外，陈某金无其他经济收入来源，且陈某金年事已高并有疾病在身。吴某的外祖父母也年事已高亦无经济收入来源。2018年起，陈某金多次向街道和区民政局申请将吴某送往儿童福

---

① 《人民法院贯彻实施民法典典型案例（第一批）》，载中华人民共和国最高人民法院网站，https://www.court.gov.cn/zixun/xiangqing/347181.html，最后访问时间：2023年8月29日。

利机构养育、照料。为妥善做好吴某的后期监护，广州市黄埔区民政局依照《民法典》相关规定向人民法院申请变更吴某的监护人为民政部门，广州市黄埔区人民检察院出庭支持民政部门的变更申请。

生效裁判认为，被监护人吴某为未成年人，且智力残疾三级，养父母均已去世，陈某金作为吴某的养祖母，年事已高并有疾病在身，经济状况较差，已无能力抚养吴某。鉴于陈某金已不适宜继续承担吴某的监护职责，而吴某的外祖父母同样不具备监护能力，且陈某金同意将吴某的监护权变更给广州市黄埔区民政局，将吴某的监护人由陈某金变更为广州市黄埔区民政局不仅符合法律规定，还可以为吴某提供更好的生活、教育环境，更有利于吴某的健康成长。故判决自 2021 年 7 月 23 日起，吴某的监护人由陈某金变更为广州市黄埔区民政局。

2. 柳州市社会福利院申请作为无民事行为能力人指定监护人案（人民法院老年人权益保护十大典型案例[①]之案例十）

被申请人孙某某，自幼智力残疾，生活无法自理，一直随其母生活。2008 年，孙某某母亲年迈卧床，其所在单位主动将母子二人送至柳州市社会福利院，并办理自费入院手续。2011 年母亲因病过世后，孙某某在福利院的照看下生活至今。福利院为了更好地尽到监护职责，分别向民政局和孙某某所在社区居委会反映情况，经多部门协商认为，在找寻孙某某亲人无果的情况下，继续由福利院照顾较好。2018 年 3 月，福利院委托广西脑科医院对孙某某身体情况进行司法鉴定。5 月，福利院向法院申请依法宣告孙某某为无民事行为能力人，并指定福利院作为其合法监护人。

广西壮族自治区柳州市柳北区人民法院审理认为，被申请人孙某

[①]《人民法院老年人权益保护十大典型案例》，载中华人民共和国最高人民法院网站，https://www.court.gov.cn/zixun/xiangqing/287711.html，最后访问时间：2023 年 8 月 29 日。

某经广西脑科医院司法鉴定所法医精神病鉴定为无民事行为能力人。另,法院主动依职权调查查明,被申请人孙某某在柳州市社会福利院居住生活了8年,无配偶、无子女;其母亲人事档案显示,孙某某的近亲属有父亲、哥哥,但无二人具体信息。孙某某长期置于无人监护的处境,柳州市社会福利院已实际保护被监护人的身体健康,照顾被监护人的生活,管理和保护被监护人的财产,对被监护人进行管理和教育等。为了更好地维护孙某某的利益,指定柳州市社会福利院作为孙某某的合法监护人。若孙某某的父亲、哥哥出现,可依法另行主张权利。

第三十三条　意定监护

具有完全民事行为能力的成年人,可以与其近亲属、其他愿意担任监护人的个人或者组织事先协商,以书面形式确定自己的监护人,在自己丧失或者部分丧失民事行为能力时,由该监护人履行监护职责。

● *条文注释*

具备完全民事行为能力的成年人,可以与其近亲属或者其他同自己关系密切、愿意承担监护责任的个人、组织进行协商,通过签订监护协议、达成合意的方式,确定自己的监护人。当签订了监护协议的成年人在丧失或者部分丧失民事行为能力时,意定监护人依照监护协议,依法承担监护责任,对被监护人实施监护。

成年人设定任意监护人,应当在本人具有完全民事行为能力时,依自己的意思选任监护人,并且与其订立监护协议,将有关自己的监护事务全部或者部分授予意定监护人,在本人丧失或者部分丧失民事行为能力的事实发生后发生效力,产生监护关系。

意定监护人应当具有完全民事行为能力，可以是法定监护人，也可以是法定监护人之外的其他人，即近亲属或者其他与自己关系密切、愿意承担监护责任的个人或者有关组织。

● 实用问答

问：关于确定监护人的书面协议是否可以解除？

答：是否可以解除，需要根据不同的情形来确定。《最高人民法院关于适用〈中华人民共和国民法典〉总则编若干问题的解释》第十一条第一款规定，具有完全民事行为能力的成年人与他人依据民法典第三十三条的规定订立书面协议事先确定自己的监护人后，协议的任何一方在该成年人丧失或者部分丧失民事行为能力前请求解除协议的，人民法院依法予以支持。该成年人丧失或者部分丧失民事行为能力后，协议确定的监护人无正当理由请求解除协议的，人民法院不予支持。

● 相关规定

《老年人权益保障法》第26条；《最高人民法院关于适用〈中华人民共和国民法典〉总则编若干问题的解释》第11条

第三十四条　监护职责及临时生活照料

监护人的职责是代理被监护人实施民事法律行为，保护被监护人的人身权利、财产权利以及其他合法权益等。

监护人依法履行监护职责产生的权利，受法律保护。

监护人不履行监护职责或者侵害被监护人合法权益的，应当承担法律责任。

> 因发生突发事件等紧急情况，监护人暂时无法履行监护职责，被监护人的生活处于无人照料状态的，被监护人住所地的居民委员会、村民委员会或者民政部门应当为被监护人安排必要的临时生活照料措施。

● *条文注释*

监护权，是指监护人享有的对于未成年人、丧失或者部分丧失民事行为能力的成年人的人身权益、财产权益加以监督、保护的准身份权。我国监护权的核心内容就是监护职责。

监护职责包括：（1）人身监护权。对未成年人的监护，是身上照护权，也有管教权的内容。对成年人的监护，内容大体一致，略有区别，不具有管教权的内容。具体包括居住所指定权、交还请求权、身上事项同意权、扶养义务、监督教育义务和护养医疗义务。（2）财产监护权。监护人应全面保护被监护人的财产权益。具体内容是财产管理权、使用权和处分权，以及禁止受让财产义务。（3）民事法律行为和民事诉讼行为的代理权。首先是代理民事法律行为。以被监护人的名义进行民事活动，为被监护人取得和行使权利，设定和履行义务。其次是代理民事诉讼行为。对于被监护人发生的诉讼活动，监护人亦为法定代理人，享有诉讼代理权，代理被监护人参加诉讼，行使诉讼权利、承担诉讼义务。

监护人应当承担两种民事责任：（1）监护人不履行监护职责，造成被监护人的人身损害或者财产损害的，应当承担相应的民事责任。（2）监护人侵害被监护人的合法权益，滥用监护权，造成被监护人人身损害或者财产损害的，应当承担赔偿责任。

● **相关规定**

《未成年人保护法》第 16 条；《精神卫生法》第 49 条；《母婴保健法》第 19 条

第三十五条 履行监护职责应遵循的原则

> 监护人应当按照最有利于被监护人的原则履行监护职责。监护人除为维护被监护人利益外，不得处分被监护人的财产。
>
> 未成年人的监护人履行监护职责，在作出与被监护人利益有关的决定时，应当根据被监护人的年龄和智力状况，尊重被监护人的真实意愿。
>
> 成年人的监护人履行监护职责，应当最大程度地尊重被监护人的真实意愿，保障并协助被监护人实施与其智力、精神健康状况相适应的民事法律行为。对被监护人有能力独立处理的事务，监护人不得干涉。

● **条文注释**

本条是关于监护人履行职责的原则规定。本条规定了监护人履行监护职责时所应遵循的原则，包括最有利于被监护人的原则与尊重被监护人的真实意愿的原则：（1）按照最有利于被监护人的原则，除为维护被监护人的利益外，不得处分被监护人的财产。（2）尊重被监护人的真实意愿，对未成年人的监护人和成年人的监护人履行监护职责分别作不同的要求。

未成年人的监护人履行监护职责，无论是对被监护人的人身权益进行监护，还是对其财产权益进行监护，以及代理被监护人实施民事法律行为或者民事诉讼行为，在作出与被监护人上述权益有关的决定时，应当根据被监护人的年龄和智力状况，尊重被监护人的真实意愿。如果被监护的未成年人已经能够表达自己的真实意愿，并且不违反对未成年人保护的意旨的，应当按照被监护人的真实意愿处理监护事宜。

● **实用问答**

问：监护人因外出务工等原因在一定期限内不能完全履行监护职责，将全部或者部分监护职责委托给他人，受托人是否会因此变成监护人，进而需要承担作为监护人的各项责任呢？

答：不会。《最高人民法院关于适用〈中华人民共和国民法典〉总则编若干问题的解释》第十三条规定，监护人因患病、外出务工等原因在一定期限内不能完全履行监护职责，将全部或者部分监护职责委托给他人，当事人主张受托人因此成为监护人的，人民法院不予支持。

● **典型案例**

彭某拍卖房产纠纷案[①]

彭某与欧某在离婚协议中约定，作为夫妻共同财产的某房产中，属于欧某二分之一的份额，待女儿年满十八周岁时过户给女儿。现彭某在女儿未满十八周岁时即起诉请求整体拍卖该房产并主张取得全部拍卖款。

法院经审理认为，双方女儿对案涉房产通过受赠方式取得相应份额财产权。监护人应当按照最有利于被监护人的原则履行监护职责，监护人除为维护被监护人利益外，不得处分被监护人的财产。在无充分证据证明基于双方女儿存在生活、教育、医疗等迫切需求或其他正

---

① 参见《佛山中院公布一批婚姻家庭典型案例》，载"佛山市中级人民法院"微信公众号，https://mp.weixin.qq.com/s/DTStNS9JcwE-N6CqBnEKxw，最后访问时间：2023年8月29日。

当理由的情况下，彭某主张对案涉房产进行整体拍卖，并要求取得全部拍卖款，损害女儿的合法权益，故驳回彭某的诉讼请求。

● **相关规定**

《未成年人保护法》第15条；《最高人民法院关于适用〈中华人民共和国民法典〉总则编若干问题的解释》第13条

第三十六条　监护人资格的撤销

监护人有下列情形之一的，人民法院根据有关个人或者组织的申请，撤销其监护人资格，安排必要的临时监护措施，并按照最有利于被监护人的原则依法指定监护人：

（一）实施严重损害被监护人身心健康的行为；

（二）怠于履行监护职责，或者无法履行监护职责且拒绝将监护职责部分或者全部委托给他人，导致被监护人处于危困状态；

（三）实施严重侵害被监护人合法权益的其他行为。

本条规定的有关个人、组织包括：其他依法具有监护资格的人，居民委员会、村民委员会、学校、医疗机构、妇女联合会、残疾人联合会、未成年人保护组织、依法设立的老年人组织、民政部门等。

前款规定的个人和民政部门以外的组织未及时向人民法院申请撤销监护人资格的，民政部门应当向人民法院申请。

● **条文注释**

撤销监护人资格的条件包括：（1）实施严重损害被监护人身心健康行为的，如对未成年子女实施性侵行为，虐待被监护人的行为；(2) 怠于履行监护职责，或者无法履行监护职责且拒绝将监护职责部分或者全部委托给他人，导致被监护人处于危困状态的，如不履行人身照护或财产照护职责，或者自己不能履行监护职责又不将监护职责委托他人，均可导致被监护人处于危困状态；(3) 有严重侵害被监护人合法权益的其他行为的，如转卖、侵吞被监护人的财产等。

撤销监护人资格，应当由有关个人或组织向人民法院提出撤销监护人资格的申请。人民法院认为符合上述条款规定的条件的，作出撤销监护人的裁判，同时要先安排好临时监护措施，并根据最有利于被监护人的原则指定新的监护人。监护人的资格被撤销以后，应当按法定监护顺序继任或指定监护人。新的监护人产生以后，监护法律关系的变更即完成。在撤销监护人的资格，并指定新的监护人之前，须指定临时监护人对被监护人进行监护，避免出现被监护人的权益无法受到保护的情况。临时监护人可以是被监护人住所地的居民委员会、村民委员会、法律规定的有关组织或者民政部门。民政部门作为国家主管监护职责的机关，有权向人民法院提出申请。

监督监护人履行监护职责的个人和组织是监护监督人，包括负有监护职责的个人和监护监督机关。有监护监督资格的个人，就是其他有监护资格的人。监护监督机关，是指负责对监护人的监护活动进行监督，以确保被监护人利益的机关，包括居民委员会、村民委员会、学校、医疗卫生机构、妇女联合会、残疾人联合会、未成年人保护组织、依法设立的老年人组织、民政部门等。

● **典型案例**

梅河口市儿童福利院与张某柔申请撤销监护人资格案［人民法院贯彻实施民法典典型案例（第一批）①之二］

2021年3月14日3时许，张某柔在吉林省梅河口市某烧烤店内生育一女婴（非婚生，暂无法确认生父），随后将女婴遗弃在梅河口市某村露天垃圾箱内。当日9时30分许，女婴被群众发现并报案，梅河口市公安局民警将女婴送至医院抢救治疗。2021年3月21日，女婴出院并被梅河口市儿童福利院抚养至今，取名"党心"（化名）。张某柔因犯遗弃罪被判刑。目前，张某柔仍不履行抚养义务，其近亲属亦无抚养意愿。梅河口市儿童福利院申请撤销张某柔监护人资格，并申请由该福利院作为党心的监护人。梅河口市人民检察院出庭支持梅河口市儿童福利院的申请。

生效裁判认为，父母是未成年子女的法定监护人，有保护被监护人的身体健康、照顾被监护人的生活、管理和保护被监护人的财产等义务。张某柔的遗弃行为严重损害了被监护人的身心健康和合法权益，依照民法典第三十六条规定，其监护人资格应当予以撤销。梅河口市儿童福利院作为为全市孤儿和残疾儿童提供社会服务的机构，能够解决党心的教育、医疗、心理疏导等一系列问题。从对未成年人特殊、优先保护原则和未成年人最大利益原则出发，由梅河口市儿童福利院作为党心的监护人，更有利于保护其生活、受教育、医疗保障等权利，故指定梅河口市儿童福利院为党心的监护人。

---

① 《人民法院贯彻实施民法典典型案例（第一批）》，载最高人民法院网站，https：//www.court.gov.cn/zixun/xiangqing/347181.html，最后访问时间：2023年8月29日。

● **相关案例索引**

张某诉镇江市姚桥镇某村村民委员会撤销监护人资格纠纷案(《最高人民法院公报》2015年第8期)

认定监护人的监护能力，应当根据监护人的身体健康状况、经济条件，以及与被监护人在生活上的联系状况等综合因素来确定。未成年人的近亲属没有监护能力，亦无关系密切的其他亲属、朋友愿意承担监护责任的，人民法院可以根据对被监护人有利的原则，直接指定具有承担社会救助和福利职能的民政部门担任未成年人的监护人，履行监护职责。

● **相关规定**

《未成年人保护法》第108条；《反家庭暴力法》第21条；《最高人民法院、最高人民检察院、公安部、民政部关于依法处理监护人侵害未成年人权益行为若干问题的意见》

第三十七条 监护人资格撤销后的义务

依法负担被监护人抚养费、赡养费、扶养费的父母、子女、配偶等，被人民法院撤销监护人资格后，应当继续履行负担的义务。

● **条文注释**

监护人的监护权与近亲属之间的身份权是不同的。监护人资格被撤销后，如果监护人是被监护人的近亲属，只撤销了其监护人的身份，而没有撤销其近亲属的身份，该被撤销监护资格的人与原来的被监护人之间的身份关系仍然存在，基于该身份关系产生的权利和义务仍然继续保持，并不发生变化。因此，被撤销监护资格的父母、子女、配偶等，在其监护人的资格被撤销后，近亲属之间的身份权利义务并没有发生变化，因而应当依照亲权、亲属权和配偶权的要求，继续负担被监护人的抚养费、赡养费、扶养费。

● **相关规定**

《未成年人保护法》第 108 条

第三十八条 监护人资格的恢复

被监护人的父母或者子女被人民法院撤销监护人资格后，除对被监护人实施故意犯罪的外，确有悔改表现的，经其申请，人民法院可以在尊重被监护人真实意愿的前提下，视情况恢复其监护人资格，人民法院指定的监护人与被监护人的监护关系同时终止。

● **条文注释**

监护人的资格被撤销后，可以依据法律规定的条件予以恢复。监护人恢复监护资格的要件是：(1) 被撤销监护资格的行为不属于对被监护人实施的故意犯罪行为。如果监护人是因为其对被监护人实施故意犯罪行为，如故意侵害被监护人的人身、财产构成犯罪的，不得恢复其监护人资格。(2) 确有悔改表现的情形。主观上有悔改的表示，客观上也有悔改的行为，认定为确有悔改表现。(3) 被撤销监护资格的监护人自己申请恢复自己的监护人资格，未经申请者，不得恢复其监护资格。(4) 尊重被监护人真实意愿，被监护人愿意接受被撤销监护资格的监护人继续作为自己的监护人的，才可以恢复监护人的资格。

● **相关规定**

《最高人民法院、最高人民检察院、公安部、民政部关于依法处理监护人侵害未成年人权益行为若干问题的意见》第38~40条

第三十九条　监护关系的终止

有下列情形之一的，监护关系终止：
（一）被监护人取得或者恢复完全民事行为能力；
（二）监护人丧失监护能力；
（三）被监护人或者监护人死亡；
（四）人民法院认定监护关系终止的其他情形。
监护关系终止后，被监护人仍然需要监护的，应当依法另行确定监护人。

● **条文注释**

监护关系消灭的具体原因包括：（1）被监护人取得或者恢复完全民事行为能力。未成年人已经满18周岁，即取得了完全民事行为能力，监护关系自然消灭。被监护的成年人恢复完全民事行为能力的，同样如此。（2）监护人丧失监护能力。监护人丧失监护能力，不能继续担任监护人，是因监护人的原因而消灭监护关系。（3）被监护人或者监护人死亡。无论是被监护人还是监护人死亡，都会引起监护关系的消灭。（4）人民法院认定监护关系终止的其他情形。例如，被监护的未成年人被生父母认领或者被他人收养。

监护法律关系消灭，发生的法律后果有：（1）被监护人脱离监护，成为完全民事行为能力人，可以独立行使民事权利，独立承担民事义务，人身、财产权益均由自己维护，民事行为的实施亦独立为之。（2）在财产上，监护关系的消灭引起财产的清算和归还。

● *相关规定*

《最高人民法院关于适用〈中华人民共和国民法典〉总则编若干问题的解释》第12条

第三节 宣告失踪和宣告死亡

第四十条 宣告失踪

自然人下落不明满二年的，利害关系人可以向人民法院申请宣告该自然人为失踪人。

● *条文注释*

本条是关于自然人下落不明时的一项特殊制度：自然人下落不明，与之有利害关系者，在满足规定期限的条件下，可以向人民法院申请宣告该自然人在法律上失踪。宣告失踪是指自然人离开自己的住所下落不明达到法定期限，经过利害关系人申请，人民法院依照法定程序宣告其为失踪人的制度。规定宣告失踪的目的，是通过人民法院确认自然人失踪的事实，结束失踪人财产无人管理及其应履行的义务不能得到及时履行的非正常状态，以保护失踪人和利害关系人的利益，维护社会经济秩序的稳定。

宣告失踪应当具备的条件是：（1）自然人下落不明满两年。下落不明，是指自然人离开自己最后的住所或经常居所后没有音讯，并且这种状况为持续、不间断。只有从自然人音讯消失起开始计算，持续地、不间断地经过两年时间，才可以申请宣告失踪。（2）由利害关系人向人民法院提出申请。（3）由法院根据法定程序宣告。法院在收到宣告失踪的申请以后，应当依据民事诉讼法规定的特别程序，发出寻找失踪人的公告。公告期满以后，仍没有该自然人的音讯时，人民法院才能宣告该自然人为失踪人。

● 实用问答

问：本条规定所称"利害关系人"具体包括哪些主体？

答：《最高人民法院关于适用〈中华人民共和国民法典〉总则编若干问题的解释》第十四条规定，人民法院审理宣告失踪案件时，下列人员应当认定为民法典第四十条规定的利害关系人：（一）被申请人的近亲属；（二）依据民法典第一千一百二十八条、第一千一百二十九条规定对被申请人有继承权的亲属；（三）债权人、债务人、合伙人等与被申请人有民事权利义务关系的民事主体，但是不申请宣告失踪不影响其权利行使、义务履行的除外。

● 相关规定

《最高人民法院关于适用〈中华人民共和国民法典〉总则编若干问题的解释》第14条

第四十一条　下落不明的起算时间

自然人下落不明的时间自其失去音讯之日起计算。战争期间下落不明的，下落不明的时间自战争结束之日或者有关机关确定的下落不明之日起计算。

● 条文注释

本条所调整的是宣告失踪的起算点，非战时失踪的，自失去音讯起满两年，利害关系人可以启动宣告失踪程序；战时失踪的，自战争结束之日起满两年，利害关系人可以启动宣告失踪程序。

宣告自然人失踪，最重要的条件就是达到法定的下落不明的时间要求。具体计算下落不明起算的时间，应当从其失去音讯之日起计算，也就是从最后获得该自然人音讯之日起开始计算。例如，在飞机失事事件中，飞机失事的时间其实就是计算下落不明的起算时间。

● *典型案例*

张某某申请宣告林某失踪案[①]

申请人张某某称，林某系其丈夫，2019年1月12日，林某突然失去音讯，经过多方寻找，仍无法找到，林某哥哥林甲于2019年1月17日向派出所报案。之后，虽然林某亲属四处寻找，却始终没有得到关于林某的任何消息。至今，林某下落不明已经4年多。经审理查明：2019年1月12日，林某突然失去音讯，经过多方寻找仍无法找到，林某哥哥林甲于2019年1月17日向派出所报案。之后，林某亲属四处寻找，却始终没有得到关于林某的任何消息。申请人张某某申请宣告林某失踪后，法院于2023年8月5日在某报纸发出寻找林某的公告。法定公告期限为3个月，现已届满，林某仍然下落不明。

法院认为，林某下落不明已满4年，虽经当地派出所报案仍然没有下落，法院在某报纸发出寻找林某的公告。现已超过法定公告期限3个月，林某仍然下落不明。为此，申请人作为林某的配偶申请林某失踪，并指定其为林某的财产代管人符合法律规定，法院予以准许。法院依法判决如下：宣告林某失踪；指定张某某为失踪人林某的财产代管人。

---

① 该案为编者根据工作、研究所得编辑加工而成。

第四十二条　财产代管人

失踪人的财产由其配偶、成年子女、父母或者其他愿意担任财产代管人的人代管。

代管有争议，没有前款规定的人，或者前款规定的人无代管能力的，由人民法院指定的人代管。

● 条文注释

本条主要调整的是宣告失踪人的财产代管人的设置，包括法定代管（配偶、成年子女、父母、其他愿意担任财产代管人的人）以及指定代管（由人民法院指定）。在自然人被宣告为失踪人以后，因为其民事主体资格仍然存在，所以不产生婚姻关系解除和继承开始的后果，只在财产关系上发生财产代管关系，为失踪人的财产设定代管人。

法院判决宣告自然人失踪的，应当同时指定失踪人的财产代管人。能够作为财产代管人的人，除了其配偶、成年子女、父母之外，还包括其他愿意担任财产代管人的人，无论是失踪人的兄弟姐妹、祖父母、外祖父母、孙子女、外孙子女还是其他朋友等，只要愿意担任财产代管人的，都可以请求担任财产代管人，法院应当从上述人员中为失踪人指定财产代管人。失踪人是无民事行为能力人或者限制民事行为能力人的，由其监护人作为财产代管人为妥。

● 实用问答

问：失踪人的债权人为实现债权，可否以失踪人的财产代管人为被告提起诉讼？

答：可以。《最高人民法院关于适用〈中华人民共和国民法典〉总则编若干问题的解释》第十五条第二款规定，债权人提起诉讼，请求失踪人的财产代管人支付失踪人所欠的债务和其他费用的，人民法院应当将财产代管人列为被告。经审理认为债权人的诉讼请求成立的，人民法院应当判决财产代管人从失踪人的财产中支付失踪人所欠的债务和其他费用。

● **相关规定**

《最高人民法院关于适用〈中华人民共和国民法典〉总则编若干问题的解释》第15条

第四十三条 财产代管人的职责

财产代管人应当妥善管理失踪人的财产，维护其财产权益。

失踪人所欠税款、债务和应付的其他费用，由财产代管人从失踪人的财产中支付。

财产代管人因故意或者重大过失造成失踪人财产损失的，应当承担赔偿责任。

● **条文注释**

本条主要规定了财产代管人的职责与责任。财产代管人兼具财产保管人和指定代理人的性质。财产代管人是代管财产的保管人，应当以善良管理人的注意管理失踪人的财产。财产代管人是失踪人的指定代理人，在法律以及法院授权的范围内，有权代理失踪人从事一定的民事活动，包括代理失踪人履行债务和受领他人的履行，以维护失踪人的财产权益。

由于为失踪人代管财产行为是无偿行为，因而仅在代管人因自己的故意或重大过失造成失踪人财产损害时才承担赔偿责任，无须对因一般过失造成的损害承担损害赔偿责任。

第四十四条　财产代管人的变更

财产代管人不履行代管职责、侵害失踪人财产权益或者丧失代管能力的，失踪人的利害关系人可以向人民法院申请变更财产代管人。

财产代管人有正当理由的，可以向人民法院申请变更财产代管人。

人民法院变更财产代管人的，变更后的财产代管人有权请求原财产代管人及时移交有关财产并报告财产代管情况。

● *条文注释*

失踪人的利害关系人可以申请变更财产代管人。变更的法定事由是：（1）代管人不履行代管职责，即代管人疏于履行职责；（2）侵害失踪人财产权益，即滥用代管职权；（3）代管人丧失代管能力，不能履行代管职责。符合上述财产代管人变更事由的，失踪人的利害关系人可以向人民法院申请变更财产代管人。符合变更事由要求的，人民法院判决变更财产代管人。财产代管人有正当理由的，可以向人民法院申请变更财产代管人。申请变更理由正当的，人民法院判决变更财产代管人。

由人民法院裁判变更财产代管人的，应当对失踪人的财产在代管期间的情况进行清算，列出财产清单以及在代管期间发生的变化，并且向新的财产代管人进行移交。新的财产代管人有权要求原财产代管人及时移交有关财产，并报告财产代管情况。原代管人是义务人，负有移交财产和报告财产代管情况的义务，即对被代管的财产作出清算报告，按照报告的内容，移交代管财产。

第四十五条　失踪宣告的撤销

失踪人重新出现，经本人或者利害关系人申请，人民法院应当撤销失踪宣告。

失踪人重新出现，有权请求财产代管人及时移交有关财产并报告财产代管情况。

● 条文注释

被宣告失踪的人重新出现，包括确知其下落的，应当撤销对失踪人的失踪宣告。被宣告失踪的本人或者利害关系人应当向人民法院申请，人民法院应当依据法定程序，撤销对失踪人的失踪宣告。

失踪宣告一经撤销，财产代管人与失踪人的财产代管关系随之终止。被撤销失踪宣告的自然人的权利是：（1）要求财产代管人及时移交有关财产；（2）报告财产代管情况。代管人负有满足其权利的义务：（1）将其代管的财产及时移交给被撤销失踪宣告的人；（2）向被撤销失踪宣告的人报告在其代管期间对财产管理和处置的情况。除非代管人出于恶意，否则其在代管期间支付的各种合理费用，失踪人不得要求代管人返还。

● 典型案例

杨甲申请撤销失踪宣告案[①]

申请人杨甲系被宣告失踪人杨乙胞兄。经查，杨乙的儿子肖某源于2022年9月25日向法院申请宣告其父亲杨乙失踪，法院于2023年1月15日作出民事判决，宣告杨乙失踪。现杨乙已重新出现。

法院认为，被宣告失踪的杨乙已重新出现，其胞兄杨甲向法院申

---

① 该案为编者根据工作、研究所得编辑加工而成。

请撤销对杨乙的失踪宣告的请求符合法律规定，遂依法判决撤销宣告杨乙失踪的民事判决。

第四十六条　宣告死亡

自然人有下列情形之一的，利害关系人可以向人民法院申请宣告该自然人死亡：

（一）下落不明满四年；

（二）因意外事件，下落不明满二年。

因意外事件下落不明，经有关机关证明该自然人不可能生存的，申请宣告死亡不受二年时间的限制。

● 条文注释

宣告死亡制度是法律为极有可能死亡的下落不明的人设定的一项重要拟制制度，旨在提供一种足以平衡各方合理需要关系的法律善后机制。自然死亡为对自然人生命绝对消灭之事实的确认，而宣告死亡是民法为失踪人特设的一项制度，其基点在于失踪人生死不明但有极大可能已经死亡。当"生死不明"达到一定程度特别是形成时间跨度几乎可以判定死亡时，法律上可以拟制其死亡，以便更好地为其进行法律善后，同时也可及时处理与其他人的法律关系。

宣告死亡应当具备的条件是：（1）自然人下落不明达到法定期限。下落不明是指生死不明，即自然人离开其原来之住所或居所生死不明。如果知道某人仍然生存，只是没有和家人联系或者不知道其确切地址，不能认为是下落不明。（2）由利害关系人向法院提出申请。宣告死亡的利害关系人的范围与宣告失踪的利害关系人的范围相同。宣告死亡的利害关系人没有顺序的要求。（3）由人民法院依法定程序作出宣告。法院受理死亡宣告申请后，依照民事诉讼法规定的特别程序进行审理，发出寻找下落不明人的公告，在公告期届满仍没有其音讯的，人民法院才能作出死亡宣告的判决。

● *实用问答*

问：本条规定所称"利害关系人"如何认定？

答：《最高人民法院关于适用〈中华人民共和国民法典〉总则编若干问题的解释》第十六条规定，人民法院审理宣告死亡案件时，被申请人的配偶、父母、子女，以及依据民法典第一千一百二十九条规定对被申请人有继承权的亲属应当认定为民法典第四十六条规定的利害关系人。符合下列情形之一的，被申请人的其他近亲属，以及依据民法典第一千一百二十八条规定对被申请人有继承权的亲属应当认定为民法典第四十六条规定的利害关系人：（一）被申请人的配偶、父母、子女均已死亡或者下落不明的；（二）不申请宣告死亡不能保护其相应合法权益的。被申请人的债权人、债务人、合伙人等民事主体不能认定为民法典第四十六条规定的利害关系人，但是不申请宣告死亡不能保护其相应合法权益的除外。

● *相关规定*

《最高人民法院关于适用〈中华人民共和国民法典〉总则编若干问题的解释》第16~17条

第四十七条　宣告失踪与宣告死亡申请的竞合

对同一自然人，有的利害关系人申请宣告死亡，有的利害关系人申请宣告失踪，符合本法规定的宣告死亡条件的，人民法院应当宣告死亡。

● *条文注释*

　　一个下落不明的自然人，既符合宣告失踪的条件，也符合宣告死亡的条件，有的利害关系人申请宣告其死亡，有的利害关系人申请宣告其失踪的，即形成请求宣告死亡和宣告失踪的冲突。对此，本条规定的规则是宣告死亡优先，因为符合宣告死亡条件的必然符合宣告失踪的条件要求，且宣告死亡的法律后果同时也能够达到宣告失踪的后果要求。

第四十八条　**死亡日期的确定**

　　被宣告死亡的人，人民法院宣告死亡的判决作出之日视为其死亡的日期；因意外事件下落不明宣告死亡的，意外事件发生之日视为其死亡的日期。

● *条文注释*

　　确定被宣告死亡的自然人的死亡日期的方法是：（1）人民法院在判决中确定宣告死亡的日期的，即判决书确定了被宣告死亡人的死亡日期的，该日期就视为其死亡的日期；（2）法院判决没有确定死亡日期的，判决作出之日视为其死亡的日期；（3）因意外事件下落不明宣告死亡的，应当以意外事件发生之日视为其死亡的日期。

　　自然人被宣告死亡后，发生与自然死亡相同的法律后果，被宣告死亡的自然人在法律上被认定为已经死亡，其财产关系和人身关系都发生变动。具体后果包括：（1）财产继承关系开始；（2）婚姻关系终止，原配偶可以再婚。

第四十九条 被宣告死亡人实际生存时的行为效力

自然人被宣告死亡但是并未死亡的，不影响该自然人在被宣告死亡期间实施的民事法律行为的效力。

● *条文注释*

宣告死亡判决发生被宣告的自然人死亡的法律后果，但这只是一种推定，该人有可能在异地生存。宣告死亡的目的并不是要绝对地消灭或剥夺被宣告死亡人的主体资格，而在于结束以被宣告死亡人原住所地为中心的民事法律关系。因此，被宣告死亡人的民事权利能力消灭，并不是全部的在事实上的丧失，而仅仅是在法律上的死亡推定，并非已经丧失民事权利能力。被宣告死亡的人在其实际存活地的民事权利能力并不终止，其仍可依法从事各种民事活动。自然人并未死亡但被宣告死亡的，不影响该自然人在被宣告死亡后实施的民事法律行为的效力，就意味着被宣告死亡的自然人可能并未死亡，只是在法律上被宣告死亡；如果在其被宣告死亡但并未死亡的期间，其实施的民事法律行为照样发生法律效力。

第五十条 死亡宣告的撤销

被宣告死亡的人重新出现，经本人或者利害关系人申请，人民法院应当撤销死亡宣告。

● *条文注释*

本条规定了死亡宣告的撤销，包括条件、程序。依照本条，撤销死亡宣告的实体要件为被宣告死亡的人重新出现，程序要件是经利害关系人申请由人民法院作出撤销宣告。

第五十一条　宣告死亡及其撤销后婚姻关系的效力

> 被宣告死亡的人的婚姻关系，自死亡宣告之日起消除。死亡宣告被撤销的，婚姻关系自撤销死亡宣告之日起自行恢复。但是，其配偶再婚或者向婚姻登记机关书面声明不愿意恢复的除外。

● **条文注释**

本条规定了宣告死亡及其撤销的一种法律效果即对于婚姻关系的后果。第一句规定了宣告死亡对婚姻关系的影响，第二句则规定了死亡宣告被撤销对婚姻关系的影响。死亡宣告被撤销后，对当事人婚姻关系发生的法律效果是：（1）被宣告死亡的自然人的配偶没有再婚的，死亡宣告被撤销后，原来的婚姻关系可以自行恢复，仍与原配偶为夫妻关系，不必进行结婚登记；（2）其配偶向婚姻登记机关声明不愿意与被宣告死亡的配偶恢复婚姻关系的，则不能自行恢复夫妻关系；（3）被宣告死亡的自然人的配偶已经再婚，即使再婚后又离婚或再婚后新配偶已经死亡的，也不得因为撤销死亡宣告而自动恢复原来的婚姻关系。

● **典型案例**

谷某某、王某某离婚纠纷案[①]

谷某某早年曾下落不明，王某某向法院申请宣告谷某某死亡，法院于2022年判决宣告下落不明人谷某某死亡。王某某于2023年登记再婚。后谷某某重新出现，法院判决撤销对谷某某的死亡宣告。现谷某某向法院提起诉讼，请求解除其与王某某的婚姻关系。

[①] 该案为编者根据工作、研究所得编辑加工而成。

法院认为，被宣告死亡的人与配偶的婚姻关系，自死亡宣告之日起消除。死亡宣告被人民法院撤销，如果其配偶尚未再婚的，夫妻关系从撤销死亡宣告之日起自行恢复；如果其配偶再婚后又离婚或者再婚后新配偶又死亡的，则不得认定夫妻关系自行恢复。本案中，被告王某某已于原告谷某某被宣告死亡后再婚，原、被告间已不存在婚姻关系，故原告谷某某的离婚诉请法院不予支持。

第五十二条　死亡宣告撤销后子女被收养的效力

被宣告死亡的人在被宣告死亡期间，其子女被他人依法收养的，在死亡宣告被撤销后，不得以未经本人同意为由主张收养行为无效。

● **条文注释**

被撤销死亡宣告的自然人有子女的，即使其在被宣告死亡后，父母子女的亲子关系并不会因此而消灭，仍然保持亲子关系。如果在被宣告死亡期间，被宣告死亡人的子女被他人依法收养的，则消灭了亲子关系。被宣告死亡人的死亡宣告被撤销后，该收养关系仍然有效，被撤销死亡宣告的人不得主张因自己的死亡宣告已经被撤销，而使该收养关系未经其同意而无效，应当继续保持收养关系。

如果被撤销死亡宣告的人主张解除收养关系的，应当经过协商，通过合意解除收养关系。未达成解除收养关系合意的，不能解除收养关系。

第五十三条 死亡宣告撤销后的财产返还与赔偿责任

　　被撤销死亡宣告的人有权请求依照本法第六编取得其财产的民事主体返还财产；无法返还的，应当给予适当补偿。

　　利害关系人隐瞒真实情况，致使他人被宣告死亡而取得其财产的，除应当返还财产外，还应当对由此造成的损失承担赔偿责任。

● 条文注释

　　本条规定了宣告死亡撤销后对于相关财产的效果。第一款规定了死亡宣告撤销后，被宣告死亡的人一般享有财产返还请求权或替代的补偿权；第二款规定了恶意利害关系人额外承担损害赔偿责任，这是一种独立的法定之债。返还财产以返还原物为原则，如果原物不存在，应当予以适当补偿。确定应补偿的数额，主要考虑返还义务人所取得的财产价值、返还能力等。

　　利害关系人隐瞒真实情况，致使他人被宣告死亡而取得其财产的，实际上是恶意利用宣告死亡的方法非法取得被宣告死亡人的财产，构成侵权行为，应当承担侵权责任。故当宣告死亡被撤销后，该利害关系人除了应当返还原物外，还应当对由此造成的损失承担赔偿责任，赔偿的原则是全部赔偿，对所造成的损失全部予以赔偿。

第四节　个体工商户和农村承包经营户

第五十四条 个体工商户

　　自然人从事工商业经营，经依法登记，为个体工商户。个体工商户可以起字号。

● *相关规定*

《促进个体工商户发展条例》第 2 条

第五十五条 **农村承包经营户**

　　农村集体经济组织的成员，依法取得农村土地承包经营权，从事家庭承包经营的，为农村承包经营户。

● *相关规定*

《农村土地承包法》第 5 条

第五十六条 **"两户"的债务承担**

　　个体工商户的债务，个人经营的，以个人财产承担；家庭经营的，以家庭财产承担；无法区分的，以家庭财产承担。

　　农村承包经营户的债务，以从事农村土地承包经营的农户财产承担；事实上由农户部分成员经营的，以该部分成员的财产承担。

第三章　法　人

第一节　一般规定

第五十七条 **法人的定义**

　　法人是具有民事权利能力和民事行为能力，依法独立享有民事权利和承担民事义务的组织。

第五十八条　法人的成立

法人应当依法成立。

法人应当有自己的名称、组织机构、住所、财产或者经费。法人成立的具体条件和程序，依照法律、行政法规的规定。

设立法人，法律、行政法规规定须经有关机关批准的，依照其规定。

第五十九条　法人的民事权利能力和民事行为能力

法人的民事权利能力和民事行为能力，从法人成立时产生，到法人终止时消灭。

第六十条　法人的民事责任承担

法人以其全部财产独立承担民事责任。

第六十一条　法定代表人

依照法律或者法人章程的规定，代表法人从事民事活动的负责人，为法人的法定代表人。

法定代表人以法人名义从事的民事活动，其法律后果由法人承受。

法人章程或者法人权力机构对法定代表人代表权的限制，不得对抗善意相对人。

第六十二条　法定代表人职务行为的法律责任

法定代表人因执行职务造成他人损害的，由法人承担民事责任。

法人承担民事责任后，依照法律或者法人章程的规定，可以向有过错的法定代表人追偿。

● *条文注释*

法定代表人因执行职务造成他人损害的，由法人承担民事责任，包含在本法侵权责任编规定的用人单位责任之中。法人为法定代表人因执行职务造成损害承担侵权责任的构成要件是：(1) 有加害他人的侵权行为；(2) 因法人的法定代表人及其他工作人员的执行职务行为造成的损害；(3) 因执行职务的行为所发生。执行职务的行为，一是执行职务本身的行为或者职务活动本身，二是与职务行为相关联的行为。法人承担的责任形态是替代责任，即其法定代表人或者其他工作人员执行职务行为造成他人的损害，由法人承担责任。

法定代表人因执行职务造成他人损害的责任承担规则是：(1) 法定代表人因执行职务造成他人的损害，由法人承担赔偿责任；(2) 法人承担了赔偿责任以后，如果法定代表人在执行职务中，造成他人损害是有过错的，法人可以向法定代表人要求追偿。

● *相关规定*

《保险法》第83条

第六十三条　法人的住所

法人以其主要办事机构所在地为住所。依法需要办理法人登记的，应当将主要办事机构所在地登记为住所。

第六十四条　法人的变更登记

法人存续期间登记事项发生变化的，应当依法向登记机关申请变更登记。

● **相关规定**

《市场主体登记管理条例》第 8 条；《社会团体登记管理条例》第 18 条

第六十五条　法人登记的对抗效力

法人的实际情况与登记的事项不一致的，不得对抗善意相对人。

● **条文注释**

本条规定了法人登记的信赖保护制度，体现了对善意相对人信赖利益的保护。法人登记就其性质而言是一种行政行为，能够起到公信和对抗的效力。登记机关对登记事项进行公示，公示产生公信，因而能够对抗善意相对人，未经登记的事项则无法公示公信，因此法律规定不得对抗善意相对人。导致登记事项与实际情况不一致的原因，无论是登记机关的过错还是法人的过错，善意相对人基于对登记事项的信赖从事民事活动，其信赖利益均应受法律保护。

● **相关规定**

《最高人民法院关于适用〈中华人民共和国公司法〉若干问题的规定（三）》第 26 条

第六十六条　法人登记公示制度

登记机关应当依法及时公示法人登记的有关信息。

● *相关规定*

《企业信息公示暂行条例》第 6~8 条

第六十七条　**法人合并、分立后的权利义务承担**

法人合并的，其权利和义务由合并后的法人享有和承担。

法人分立的，其权利和义务由分立后的法人享有连带债权，承担连带债务，但是债权人和债务人另有约定的除外。

● *条文注释*

法人合并，是指两个或两个以上的法人合而为一，归并为一个法人的行为。法人合并可以分为两种类型：（1）新设合并，也叫创设合并，是指两个或两个以上的法人合并成一个新的法人，被合并的原法人全部归于消灭的法人合并形式，原来被合并的法人所有的权利和义务都由新的法人承受。（2）吸收合并，也叫存续合并，是指一个或多个法人归入一个现存的法人，被合并的法人主体资格消灭，存续的法人主体资格仍然存在，权利义务由合并后存续的法人享有和承担。

法人分立，是指一个法人分成两个或两个以上的新法人的行为。法人分立也可以分为两种类型：（1）新设分立，也叫创设分立，是指将原来的一个法人分割成两个或者两个以上新的法人，原法人资格消灭，分立后的新法人成立。（2）派生分立，也叫存续分立，是指将原来法人分出一部分，成立一个新的法人，原法人资格仍然存在，分立的法人成为新法人。新设分立，要将原来法人的财产所有权和债权债务分割成两个部分或者多个部分，就分割后的财产成立数个新的法人。派生分立，仅仅是在仍然存续的法人中，将财产所有权和债权债务分出一部分，归分立后的新法人所有。法人分立的，其权利义务都由分立后的法人享有连带债权，承担连带债务；债权人和债务人另有约定的，不适用这一规则，按照约定处理。

第六十八条　法人的终止

有下列原因之一并依法完成清算、注销登记的，法人终止：

（一）法人解散；

（二）法人被宣告破产；

（三）法律规定的其他原因。

法人终止，法律、行政法规规定须经有关机关批准的，依照其规定。

● **相关规定**

《企业破产法》第 2 条

第六十九条　法人的解散

有下列情形之一的，法人解散：

（一）法人章程规定的存续期间届满或者法人章程规定的其他解散事由出现；

（二）法人的权力机构决议解散；

（三）因法人合并或者分立需要解散；

（四）法人依法被吊销营业执照、登记证书，被责令关闭或者被撤销；

（五）法律规定的其他情形。

● **条文注释**

本条规定的是法人的解散，列举了法人解散的五个法定事由：（1）法人章程规定的存续期间届满或者法人章程规定的其他解散事由出现；法人章程规定了法人存续期间的，在存续期间届满时应当解散；法人章程规定法人解散事由的，解散事由出现后应当解散。(2) 法人的权力机构决议解散：法人的权力机构作出解散的决议，是因法人成员的共同意志而解散。(3) 因法人合并或者分立需要解散：新设合并的，原法人资格消灭，都需解散；吸收合并的被吸收法人也需要解散。新设分立的，原法人资格消灭需要解散；派生分立没有需要解散的法人。(4) 法人依法被吊销营业执照、登记证书，被责令关闭或者被撤销：这些事由都消灭了法人资格，都要解散法人。(5) 法律规定的其他情形：如成立特定的法人是了为完成特定的目的，当目的实现后，该法人没有必要继续存在；如果法人的目的已经确定无法实现，法人也应当解散。

第七十条 法人解散后的清算

法人解散的，除合并或者分立的情形外，清算义务人应当及时组成清算组进行清算。

法人的董事、理事等执行机构或者决策机构的成员为清算义务人。法律、行政法规另有规定的，依照其规定。

清算义务人未及时履行清算义务，造成损害的，应当承担民事责任；主管机关或者利害关系人可以申请人民法院指定有关人员组成清算组进行清算。

● 条文注释

企业法人的清算，是指法人终止后由清算组织依据职权清理并消灭法人的全部财产关系。法人宣布解散，其主体资格并不消灭，只有在清算注销后法人的主体资格才消灭。法人在清算时，在清算的目的范围内仍享有解散前的法人的民事权利能力，因而清算法人与解散前的法人为同一法人。

● **相关规定**

《最高人民法院关于适用〈中华人民共和国公司法〉若干问题的规定（二）》第2条、第7条

第七十一条　法人清算的法律适用

> 法人的清算程序和清算组职权，依照有关法律的规定；没有规定的，参照适用公司法律的有关规定。

● **条文注释**

清算程序，是指在法人解散的清算过程中，按照有关法律、法规的规定，应该经过的具体步骤。清算是一个按照法律设置的严格程序进行的过程：（1）法人解散事由出现之日起15日内要成立清算组，清算组正式成立后，法人开始进入实质性清算程序。（2）公告债权人，并进行债权人登记，清理公司财产，编制资产负债表和财产清单。（3）制定清算方案，在经过相关部门组织确认后，可按照方案来分配财产。（4）清算结束后，清算组应当制作清算报告和清算期间收支报表及各种财务账簿，经股东会（股东大会）或者人民法院确认后，报送登记机关申请注销公司登记，并进行公告。

● **典型案例**

某证券公司与上海甲公司、上海乙公司、北京某公司、深圳某公司合并破产清算案（《最高人民法院公报》2013年第11期[1]）

申请人某证券公司清算组于2008年7月5日以被申请人某证券公

---

[1] 载最高人民法院公报网站，http://gongbao.court.gov.cn/Details/f04a1a627a795d844ad67f33db1c87.html，最后访问时间：2023年8月31日。

司资不抵债，不能清偿到期债务为由，向法院申请宣告某证券公司破产还债，并申请将上海甲公司、上海乙公司、北京某公司、深圳某公司（以下简称四家关联公司）纳入某证券公司破产清算程序，合并清算。

被申请人某证券公司因严重违法违规经营，中国证监会于 2004 年 10 月 16 日委托某资产管理公司对其进行托管经营。2005 年 7 月 8 日，中国证监会取消了某证券公司的证券业务许可资格，责令其关闭，并委托某资产管理公司成立清算组对其进行行政清算。某证券公司进入破产清算程序后，经过清查审计。截至 2008 年 7 月 18 日，某证券公司已资不抵债。被申请人四家关联公司均是某证券公司为逃避监管，借用他人名义设立的重要关联公司，其注册资本来源于某证券公司，经营场所与某证券公司的分支机构相同。某证券公司违反法律和法规的规定，通过四家关联公司在账外进行委托理财、国债回购及投资、融资等活动。四家关联公司名下的资产主要为根据某证券公司的安排开展证券自营业务形成的股票，公司的基本负债系因与某证券公司资金往来而形成。四家关联公司与某证券公司在资产和管理上严重混同，公司治理结构不完善，是某证券公司从事违法违规经营活动的工具。

法院认为，四家关联公司虽然为形式上的独立法人，但根据以上事实分析，四家关联公司实际上是某证券公司开展违规经营活动的工具，不具备独立的法人人格，不具备分别进行破产清算的法律基础。理由有二：其一，法人之独立首先在于意思之独立，能独立自主地为意思表示，开展民事活动。然而，四家关联公司对外的行为受制于某证券公司，不具有独立作出意思表示的能力。其二，法人之独立关键在于法人财产之独立，法人可以为其独立支配的财产承担民事责任。

而四家关联公司全部的经营活动是配合某证券公司违规开展证券业务，此外并无其他的独立经营活动，公司无经营收益。四家关联公司资产的唯一来源是股东出资，均实际来源于某证券公司，并且出资所形成的公司资产也均由某证券公司实际控制使用。因此，四家关联公司没有可以独立支配的财产，不具有独立承担民事责任的物质基础。

综上所述，某证券公司因违法违规经营，扰乱证券市场秩序，造成巨额亏损，损害投资者的合法权益，其资产明显不足以清偿到期债务，应当宣告破产，依法清算偿债。四家关联公司由某证券公司出资设立，与某证券公司在管理上和资产上严重混同，无独立的公司法人人格，是某证券公司逃避监管，违法违规开展账外经营的工具，应当与某证券公司一并破产，合并清算。法院裁定如下：一、宣告某证券公司破产；二、宣告上海甲公司、上海乙公司、北京某公司、深圳某公司与某证券公司合并破产。

第七十二条　清算的法律效果

清算期间法人存续，但是不得从事与清算无关的活动。

法人清算后的剩余财产，按照法人章程的规定或者法人权力机构的决议处理。法律另有规定的，依照其规定。

清算结束并完成法人注销登记时，法人终止；依法不需要办理法人登记的，清算结束时，法人终止。

第七十三条　法人因破产而终止

法人被宣告破产的，依法进行破产清算并完成法人注销登记时，法人终止。

● *相关规定*

《企业破产法》第 121 条

第七十四条 法人的分支机构

> 法人可以依法设立分支机构。法律、行政法规规定分支机构应当登记的，依照其规定。
>
> 分支机构以自己的名义从事民事活动，产生的民事责任由法人承担；也可以先以该分支机构管理的财产承担，不足以承担的，由法人承担。

● *条文注释*

法人的分支机构，是指企业法人投资设立的、有固定经营场所、以自己的名义直接对外从事经营活动的、不具有法人资格，其民事责任由其隶属企业法人承担的经济组织。包括企业法人或公司的分厂、分公司、营业部、分理处、储蓄所等机构。法人可以根据自己的实际需要设立分支机构。只有在法律、行政法规明确规定分支机构应当办理登记的时候，设立的分支机构才需要按照规定办理登记。

法人的分支机构是法人的组成部分，其产生的责任，本应由法人承担有限责任，由于法人的分支机构单独登记，又有一定的财产，具有一定的责任能力，因而法人的分支机构自己也能承担一定的责任。故法人的分支机构承担责任的规则是：（1）法人直接承担责任：法人的分支机构以自己的名义从事民事活动，产生的民事责任由法人承担。（2）分支机构先承担责任、法人承担补充责任：先由该分支机构管理的财产承担，不足以承担的，由法人承担。这种补充责任是不真正连带责任的一种变形形态。（3）两种责任承担方式的选择权由相对人享有。相对人可以根据自己的利益，选择法人承担民事责任；或者选择法人的分支机构承担民事责任，法人承担补充责任。

● *典型案例*

  长沙广大建筑装饰有限公司诉中国工商银行股份有限公司广州粤秀支行、林传武、长沙广大建筑装饰有限公司广州分公司等第三人撤销之诉案（最高人民法院指导案例149号）

  2011年7月12日，林传武与中国工商银行股份有限公司广州粤秀支行（以下简称工商银行粤秀支行）签订《个人借款/担保合同》。长沙广大建筑装饰有限公司广州分公司（以下简称长沙广大广州分公司）出具《担保函》，为林传武在工商银行粤秀支行的贷款提供连带责任保证。后因林传武欠付款项，工商银行粤秀支行向法院起诉林传武、长沙广大广州分公司等，请求林传武偿还欠款本息，长沙广大广州分公司承担连带清偿责任。此案经广东省广州市天河区人民法院一审、广州市中级人民法院二审，判令林传武清偿欠付本金及利息等，其中一项为判令长沙广大广州分公司对林传武的债务承担连带清偿责任。2017年，长沙广大建筑装饰有限公司（以下简称长沙广大公司）向广州市中级人民法院提起第三人撤销之诉，以生效判决没有将长沙广大公司列为共同被告参与诉讼，并错误认定《担保函》性质，导致长沙广大公司无法主张权利，请求撤销广州市中级人民法院作出的（2016）粤01民终第15617号民事判决。

  广州市中级人民法院于2017年12月4日作出（2017）粤01民撤10号民事裁定：驳回原告长沙广大建筑装饰有限公司的起诉。宣判后，长沙广大建筑装饰有限公司提起上诉。广东省高级人民法院于2018年6月22日作出（2018）粤民终1151号民事裁定：驳回上诉，维持原裁定。

公司法人的分支机构以自己的名义从事民事活动，并独立参加民事诉讼，人民法院判决分支机构对外承担民事责任，公司法人对该生效裁判提起第三人撤销之诉的，其不符合民事诉讼法规定的第三人条件，人民法院不予受理。

● **相关规定**

《保险法》第74条

第七十五条 法人设立行为的法律后果

设立人为设立法人从事的民事活动，其法律后果由法人承受；法人未成立的，其法律后果由设立人承受，设立人为二人以上的，享有连带债权，承担连带债务。

设立人为设立法人以自己的名义从事民事活动产生的民事责任，第三人有权选择请求法人或者设立人承担。

● **条文注释**

设立中的法人不同于筹备前的法人。筹备前的法人，是指发起人开始筹备设立某个法人组织，但还没有成立筹备机构，从事实际的设立行为。设立中的法人须成立筹备机构，实际地从事设立法人的行为。

由于设立中的法人在从事设立行为中要从事某些民事法律行为，发生一定的债权债务关系，故设立中的法人是具有部分民事权利能力的特殊团体。其受到的限制是：（1）其民事权利能力的范围仅限于从事必要的设立行为；（2）应当以将来法人成立为条件而享有相应的民事权利能力。

设立中的法人已经具有独立的行为机构、独立的财产和相对独立的责任能力，具有一定的民事权利能力，但因其并未通过登记获得公示，为保护债权人利益，其责任不能完全独立。其责任承担的规则是：（1）设立人为设立法人从事的民事活动，其法律后果在法人成立后由法人承受。法人设立完成，具有了完全民事权利能力，当然在设立中从事的民事活动后果均由该法人承受。（2）设立中法人的设立行为没有成功，法人未成立的，其在设立法人过程中从事的民事活动的法律后果，应当由设立人承受。设立人如果为二人以上，所有的设立人应当承担连带责任。

● 相关规定

《最高人民法院关于适用〈中华人民共和国公司法〉若干问题的规定（三）》第2~5条

第二节 营利法人

第七十六条 营利法人的定义和类型

以取得利润并分配给股东等出资人为目的成立的法人，为营利法人。

营利法人包括有限责任公司、股份有限公司和其他企业法人等。

● 条文注释

本条是对营利法人概念的界定，明确营利法人是以取得利润并分配给股东等出资人为目的的法人，同时列举了几种重要的营利法人类型，包括有限责任公司、股份有限公司以及其他企业法人等。

第七十七条 营利法人的成立

营利法人经依法登记成立。

● *条文注释*

营利法人成立的必要条件是依法登记。经依法登记成立的营利法人才能取得法人资格。营利法人成立，是指发起和设立营利法人经过一系列筹建行为而取得法人资格的结果。成立营利法人，首先必须满足本法规定的法人成立条件，即有自己的名称、组织机构、住所、财产或者经费。其次必须符合营利法人设立的程序要求，特别是须依照法律规定进行登记。设立有限责任公司须向工商行政管理部门申请设立登记，法律、法规规定须经有关部门审批的，采取行政许可主义，经批准后设立。设立股份有限公司，须经过国务院授权的部门或者省级人民政府批准，采行政许可主义。其他企业法人的设立，须先经主管部门或者有关审批机关批准，然后才向登记机关申请登记，采行政许可主义。

第七十八条 营利法人的营业执照

依法设立的营利法人，由登记机关发给营利法人营业执照。营业执照签发日期为营利法人的成立日期。

第七十九条 营利法人的章程

设立营利法人应当依法制定法人章程。

● *条文注释*

营利法人的章程，是指营利法人的成员就该法人的活动范围、组织机构以及内部成员之间的权利义务等问题所订立的书面文件。其既是营利法人成立的必备要件，也是营利法人治理的重要依据。营利法人的章程调整的是法人成员与法人之间的关系，参与章程行为的当事人的意思表示并不指向其他成员，而是指向法人的意思形成机构，不仅拘束同意该行为的当事人，而且对于没有表示同意，但事后加入的当事人也具有法律的拘束力。

营利法人章程的内容包括：（1）绝对必要记载事项，是法律规定在章程中必须具备的内容，这些内容不予以记载，该章程无效，登记机关将不予登记。绝对必要记载事项的内容包括法人的名称、宗旨、业务范围、住所、资本总额、所有制形式、人员等。（2）任意记载事项，不是由法律明文规定不可缺少的事项，既可以规定，也可以不规定在章程中。不适当的任意记载事项规定在章程中，会对营利法人今后的发展形成阻碍。

第八十条　营利法人的权力机构

营利法人应当设权力机构。

权力机构行使修改法人章程，选举或者更换执行机构、监督机构成员，以及法人章程规定的其他职权。

● 条文注释

营利法人的权力机构，也叫营利法人的意思机关，是营利法人形成法人意思的机关。营利法人的权力机构是营利法人的最高权力机关，是对法人内部作出意思表示的机关。权力机关并不对外进行意思表示，对外的意思表示是由执行机构进行的。

一般而言，营利法人权力机构的组成形式，是股东会或者股东大会。营利法人作为社团，由相应的社员组成。营利法人的社员为"股东"，原则上所有的成员都参与对社团事务的决定，股东必须参加按照章程召开的大会，以多数决的方式对社团的事务作出决定。

第八十一条 营利法人的执行机构

营利法人应当设执行机构。

执行机构行使召集权力机构会议，决定法人的经营计划和投资方案，决定法人内部管理机构的设置，以及法人章程规定的其他职权。

执行机构为董事会或者执行董事的，董事长、执行董事或者经理按照法人章程的规定担任法定代表人；未设董事会或者执行董事的，法人章程规定的主要负责人为其执行机构和法定代表人。

● *条文注释*

营利法人的执行机构，是对法人的权力机构所形成的意志具体进行贯彻执行的机构。营利法人的执行机构是营利法人的办事机构，只有法定代表人或者法定代表人授权的代表，才能对外代表法人为意思表示，并非由执行机构直接对外作意思表示。

营利法人执行机构的职权是：（1）执行机构召集权力机构会议。按照法人章程的规定，执行机构确定权力机构会议的召开时间、召开地点、参加会议的人员、会议讨论的议题等。权力机构会议作出决议后，执行机构要贯彻落实。（2）决定法人的经营计划和投资方案。法人的经营计划和投资方案应当符合法人的设立宗旨和目的，不得违背权力机构的意志。法人的经营计划和投资方案决定后，执行机构还要贯彻落实。（3）决定法人内部管理机构的设置，确定和聘任具体的管理人员，以使法人开展正常的经营活动。（4）行使章程规定的其他职权。

一般而言，采用董事会或者执行董事制的营利法人，董事会和执行董事是执行机构。董事会由股东大会选举产生，向股东大会负责，董事长、执行董事或者经理为营利法人的法定代表人，有权对外代表该法人。营利法人未设董事会或者执行董事的，法人章程规定的主要负责人既是其执行机构，又是其法定代表人。

第八十二条　营利法人的监督机构

　　营利法人设监事会或者监事等监督机构的，监督机构依法行使检查法人财务，监督执行机构成员、高级管理人员执行法人职务的行为，以及法人章程规定的其他职权。

● 条文注释

　　营利法人的监督机构，是对营利法人的执行机构的业务活动进行专门监督的机构。营利法人的监督机构一般是监事或者监事会，也是营利法人的法定必备常设机构。监事会应当包括股东代表和适当比例的公司职工代表，具体比例由法人章程规定。为了保证监事会的独立性，法人的董事、高级管理人员不得兼任监事。监事会与董事会为独立并行的营利法人的机关，共同向股东会负责，监事会行使监督权不受董事会的影响和干涉。

第八十三条　出资人滥用权利的责任承担

　　营利法人的出资人不得滥用出资人权利损害法人或者其他出资人的利益；滥用出资人权利造成法人或者其他出资人损失的，应当依法承担民事责任。

> 营利法人的出资人不得滥用法人独立地位和出资人有限责任损害法人债权人的利益；滥用法人独立地位和出资人有限责任，逃避债务，严重损害法人债权人的利益的，应当对法人债务承担连带责任。

● **典型案例**

徐工集团工程机械股份有限公司诉成都川交工贸有限责任公司等买卖合同纠纷案（最高人民法院指导案例15号）

川交工贸公司与川交机械公司、瑞路公司人格混同。一是三个公司人员混同。三个公司的经理、财务负责人、出纳会计、工商手续经办人均相同，其他管理人员亦存在交叉任职的情形，川交工贸公司的人事任免存在由川交机械公司决定的情形。二是三个公司业务混同。三个公司实际经营中均涉及工程机械相关业务，经销过程中存在共用销售手册、经销协议的情形；对外进行宣传时信息混同。三是三个公司财务混同。三个公司使用共同账户，以王永礼的签字作为具体用款依据，对其中的资金及支配无法证明已作区分；三个公司与徐工机械公司之间的债权债务、业绩、账务及返利均计算在川交工贸公司名下。因此，三个公司之间表征人格的因素（人员、业务、财务等）高度混同，导致各自财产无法区分，已丧失独立人格，构成人格混同。

川交机械公司、瑞路公司应当对川交工贸公司的债务承担连带清偿责任。公司人格独立是其作为法人独立承担责任的前提。公司股东滥用公司法人独立地位和股东有限责任，逃避债务，严重损害公司债权人利益的，应当对公司债务承担连带责任。本案中，三个公司虽在工商登记部门登记为彼此独立的企业法人，但实际上相互之间界限模糊、人格混同，其中川交工贸公司承担所有关联公司的债务却无力清偿，又使其他关联公司逃避巨额债务，严重损害了债权人的利益。上述行为违背了法人制度设立的宗旨，违背了诚实信用原则，川交机械公司、瑞路公司对川交工贸公司的债务应当承担连带清偿责任。关联公司的人员、业务、财务等方面交叉或混同，导致各自财产无法区分，丧失独立人格的，构成人格混同。关联公司人格混同，严重损害债权人利益的，关联公司相互之间对外部债务承担连带责任。

第八十四条　利用关联关系造成损失的赔偿责任

营利法人的控股出资人、实际控制人、董事、监事、高级管理人员不得利用其关联关系损害法人的利益；利用关联关系造成法人损失的，应当承担赔偿责任。

● 条文注释

关联交易，是指营利法人的控股出资人、实际控制人、董事、监事、高级管理人员利用与其直接或者间接控制的企业之间的关系，以及可能导致法人利益发生转移的其他关系，而进行的交易。关联交易的关键在于交易的当事人具有关联关系，即在营利法人之间，如果一方控制、共同控制另一方，或者对另一方施加重大影响，以及两方或两方以上同受一方控制、共同控制或重大影响的，构成关联方。在关联方相互之间进行的交易就是关联交易。

正当的关联交易，法律并不禁止。但是，营利法人的控股出资人、实际控制人、董事、监事、高级管理人员利用这种关联关系，进行关联交易，损害法人的利益，造成法人损害的，构成利用关联交易的行为。构成利用关联关系损害法人利益责任应具备的要件是：（1）行为的主体是营利法人的控股出资人、实际控制人、董事、监事、高级管理人员；（2）上述行为人与自己有关联关系的营利法人进行交易行为，即利用双方之间的关联关系，进行关联交易；（3）上述行为人实施关联交易的后果损害了法人的利益，造成了法人的财产损失，具有因果关系。

构成利用关联关系损害法人利益的，应当承担赔偿责任。损害赔偿请求权人是因关联交易受到损害的法人，法人可以向实施关联交易的法人的控股出资人、实际控制人、董事、监事、高级管理人员请求承担损害赔偿责任。

● *相关规定*

《最高人民法院关于适用〈中华人民共和国公司法〉若干问题的规定（五）》第1条

第八十五条　营利法人出资人对瑕疵决议的撤销权

营利法人的权力机构、执行机构作出决议的会议召集程序、表决方式违反法律、行政法规、法人章程，或者决议内容违反法人章程的，营利法人的出资人可以请求人民法院撤销该决议。但是，营利法人依据该决议与善意相对人形成的民事法律关系不受影响。

● *条文注释*

营利法人的权力机构或者执行机构作出的决议在内容上或者程序上存在瑕疵，构成营利法人的决议瑕疵，应当适用法律规定的有关行为瑕疵的规则，对其予以纠正。营利法人决议瑕疵分为：（1）程序瑕疵，会议召集程序瑕疵（如通知存在瑕疵，会议目的事项之外的决议等），会议方法瑕疵（如无表决权，股东或者表决权受限制的股东出席会议并参加表决，没有满足法定人数，要求或者计算方法违法等）；

(2) 实体瑕疵，决议内容违反章程，营利法人章程本为股东的团体合意，权力机构、执行机构的决议违反章程的规定。

● **相关规定**

《最高人民法院关于适用〈中华人民共和国公司法〉若干问题的规定（四）》第2条、第4条

第八十六条 营利法人的社会责任

营利法人从事经营活动，应当遵守商业道德，维护交易安全，接受政府和社会的监督，承担社会责任。

第三节 非营利法人

第八十七条 非营利法人的定义和范围

为公益目的或者其他非营利目的成立，不向出资人、设立人或者会员分配所取得利润的法人，为非营利法人。

非营利法人包括事业单位、社会团体、基金会、社会服务机构等。

第八十八条 事业单位法人资格的取得

具备法人条件，为适应经济社会发展需要，提供公益服务设立的事业单位，经依法登记成立，取得事业单位法人资格；依法不需要办理法人登记的，从成立之日起，具有事业单位法人资格。

● **条文注释**

事业单位法人，是指为适应经济社会发展需要，提供公益服务设

立的，由设立人出资，从事非营利性的社会服务活动的非营利法人。例如，从事新闻、出版、广播、电视、电影、教育、文艺等事业的法人。

事业单位法人的特征是：(1) 设立的目的具有公益性，即为了适应经济社会发展需要，实现公益目的而设立；(2) 设立人通常是国家机关或者其他组织，用国有资产出资；(3) 从事的活动通常是教育、科技、文化、卫生等公共事业，活动的方式是进行社会服务；(4) 性质属于非营利法人，事业单位法人符合法人条件，不具有私益性，不取得利润，也不向其设立人分配利润。

● **相关规定**

《事业单位登记管理暂行条例》第 2~3 条

第八十九条　事业单位法人的组织机构

事业单位法人设理事会的，除法律另有规定外，理事会为其决策机构。事业单位法人的法定代表人依照法律、行政法规或者法人章程的规定产生。

第九十条　社会团体法人资格的取得

具备法人条件，基于会员共同意愿，为公益目的或者会员共同利益等非营利目的设立的社会团体，经依法登记成立，取得社会团体法人资格；依法不需要办理法人登记的，从成立之日起，具有社会团体法人资格。

● **相关规定**

《社会团体登记管理条例》第 2~3 条

第九十一条　社会团体法人章程和组织机构

设立社会团体法人应当依法制定法人章程。

社会团体法人应当设会员大会或者会员代表大会等权力机构。

社会团体法人应当设理事会等执行机构。理事长或者会长等负责人按照法人章程的规定担任法定代表人。

第九十二条　捐助法人

具备法人条件，为公益目的以捐助财产设立的基金会、社会服务机构等，经依法登记成立，取得捐助法人资格。

依法设立的宗教活动场所，具备法人条件的，可以申请法人登记，取得捐助法人资格。法律、行政法规对宗教活动场所有规定的，依照其规定。

● **条文注释**

捐助法人，是指由自然人或者法人、非法人组织为实现公益目的，自愿捐助一定资金为基础而成立，以对捐助资金进行专门管理为目的的非营利法人。捐助法人的特点有：（1）捐助法人是财产集合体，是以财产的集合为基础成立的法人，为财团法人；（2）捐助法人没有成员或者会员，不存在通常的社会团体法人由会员大会组成的权力机构，只设立理事会和监事会；（3）捐助法人具有非营利性，活动宗旨是通过资金资助进行科学研究、文化教育、社会福利和其他公益事业的发展，不具有营利性，为公益法人。

第九十三条 捐助法人章程和组织机构

设立捐助法人应当依法制定法人章程。

捐助法人应当设理事会、民主管理组织等决策机构,并设执行机构。理事长等负责人按照法人章程的规定担任法定代表人。

捐助法人应当设监事会等监督机构。

● *相关规定*

《基金会管理条例》第20~22条

第九十四条 捐助人的权利

捐助人有权向捐助法人查询捐助财产的使用、管理情况,并提出意见和建议,捐助法人应当及时、如实答复。

捐助法人的决策机构、执行机构或者法定代表人作出决定的程序违反法律、行政法规、法人章程,或者决定内容违反法人章程的,捐助人等利害关系人或者主管机关可以请求人民法院撤销该决定。但是,捐助法人依据该决定与善意相对人形成的民事法律关系不受影响。

● *相关规定*

《基金会管理条例》第39条、第43条

第九十五条 公益性非营利法人剩余财产的处理

为公益目的成立的非营利法人终止时,不得向出资人、设立人或者会员分配剩余财产。剩余财产应当按照法人章程的规定或者权力机构的决议用于公益目的;无法按照法人章程的规定或者权力机构的决议处理的，由主管机关主持转给宗旨相同或者相近的法人，并向社会公告。

第四节 特别法人

第九十六条 特别法人的类型

本节规定的机关法人、农村集体经济组织法人、城镇农村的合作经济组织法人、基层群众性自治组织法人，为特别法人。

● *条文注释*

特别法人，是指既不属于营利法人，也不属于非营利法人，具有民事权利能力和民事行为能力，依法独立享有民事权利和承担民事义务的组织。其特点是：（1）特别法人是为公益目的或者其他非营利目的而成立的，但又不具有出资人和设立人，而是依据国家法律或者政府的命令而设立的法人。（2）特别法人具有法人的组织形式。特别法人有自己的名称，有组织机构、住所，也有一定的财产或者经费，还有其法定代表人，并且依照法律的规定而设立，具备法人的所有组织形式，是一个具有法人资格的组织体。（3）特别法人具有民事权利能力和民事行为能力，能够以自己的财产或者经费承担民事责任。（4）特别法人的外延具有法定性，只有法律规定的机关法人、农村集体经济组织法人、合作经济组织法人、基层群众性自治组织法人，才属于特别法人。

● *典型案例*

某村民小组与赵甲等请求确认协议无效纠纷案（《人民法院报》2017年5月4日，第6版①）

1. 村民小组能否成为本案的诉讼主体。农民集体所有的土地依法属于村农民集体所有的，由村集体经济组织或者村民委员会经营、管理；已经分别属于村内两个以上农村集体经济组织的农民集体所有的，由村内各该农村集体经济组织或者村民小组经营、管理。基层群众性自治组织法人，为特别法人，可以从事为履行职能所需要的民事活动。综上，在民事案件中，村民小组有能力也有资格成为适格的主体。

2. 村民小组的诉讼权利如何行使。当村民小组认为自己的合法权益受到侵害时，村民小组可以作为民事诉讼主体，以自己的名义提起诉讼，以村民小组为当事人的诉讼以村民小组组长为主要负责人提起，但村民小组组长以村民小组名义行使诉讼权利，应当参照《村民委员会组织法》履行民主议定程序。

《村民委员会组织法》规定，召开村民小组会议，应当有本村18周岁以上的村民三分之二以上或者本村民小组三分之二以上的户的代表参加，所作决定应当经到会人员的过半数同意。同时村民小组履行民主议定程序，必须遵循会议的一般程序。

3. 本案原告在会议召开程序上存在严重的瑕疵。原告村民小组负责人决定以原告的名义通过诉讼，请求法院确定范某与两被告签订关于增加租房年限的协议无效时，虽召开会议，但根据原告提供的证据，原告在村民小组会议召开程序上存在严重瑕疵。第一，有9户村

---

① 载人民法院报网站，http：//rmfyb.chinacourt.org/paper/html/2017-05/04/content_125061.htm，最后访问时间：2023年8月31日。

民否认收到召开村民小组会议的通知,原告也自认无证据证明其已履行了通知上述村民召开村民小组会议的义务。第二,被告赵甲否认村民小组会议的内容是讨论决定本村民小组是否起诉赵甲为租房合同纠纷,原告也并未举证证明召开村民小组会议通知中,已明确此次会议包含上述内容。第三,被告赵甲的母亲于某兰不识字,会议记录在同意起诉赵甲的名单中,有人代于某兰签名,原告也未能举证证明于某兰同意起诉被告赵甲并授权委托他人代为签名。第四,根据原告提供的会议记录,参加会议人员的名单中存在一户有两人到会的情况,难以确定本次村民小组会议是村民全体会议还是户代表会议。第五,会议采取签名表决的方式,但原告在会议结束后,又通过入户的方式,15户代表签名同意村民小组就租房合同纠纷起诉赵甲,不符合当场进行表决的程序。

综上,村民小组的合法权益受到他人侵害时,村民小组组长可作为诉讼代表人以村民小组的名义提起诉讼,但起诉和行使权利属于涉及村民利益的重要事项,村民小组组长在行使该项诉讼权利前,必须经过村民大会决定通过,履行民主议定程序。本案的现有证据尚不能认定本案原告的村民小组负责人的诉讼行为代表全体村民的意思表示,法院最终裁定驳回起诉。

第九十七条 机关法人

有独立经费的机关和承担行政职能的法定机构从成立之日起,具有机关法人资格,可以从事为履行职能所需要的民事活动。

● 条文注释

机关法人是指依照法律和行政命令组建,享有公权力,有独立的经费，以从事国家管理活动为主的各级国家机关。这种机关从成立之日起，即具有法人资格。其基本特征是：（1）代表国家行使公权力；（2）机关法人的独立经费来自中央或者地方财政拨款；（3）只能在因行使职权所必需时参与民事活动，如购买办公用品、租赁房屋、购买交通工具与房屋等。

机关法人一般分为两类：（1）有独立经费的国家机关；（2）有独立经费的承担行政职能的法定机构。前者包括上述国家权力机关法人、国家行政机关法人等；后者包括根据法律、法规授权和中央有关政策规定，授权其行使行政职权的事业单位、非行政主体和无法律法规授权而承担行政职能的事业单位。

第九十八条　机关法人的终止

机关法人被撤销的，法人终止，其民事权利和义务由继任的机关法人享有和承担；没有继任的机关法人的，由作出撤销决定的机关法人享有和承担。

第九十九条　农村集体经济组织法人

农村集体经济组织依法取得法人资格。

法律、行政法规对农村集体经济组织有规定的，依照其规定。

● *条文注释*

农村集体经济组织法人，是指在自然乡村范围内，农民将其各自所有的生产资料投入集体所有，集体组织农业生产经营，集体劳动或者个人承包，按劳分配，具有民事权利能力和民事行为能力的特别法人。我国现有的农村集体经济组织形式多样，有村经济合作社、村股份经济合作社、自然村经济实体等。这些农村集体经济组织都具有法人资格，具有民事权利能力和民事行为能力，以自己的财产承担民事责任。

● *相关规定*

《农村土地承包法》第13条

第一百条　**合作经济组织法人**

　　城镇农村的合作经济组织依法取得法人资格。
　　法律、行政法规对城镇农村的合作经济组织有规定的，依照其规定。

● *条文注释*

　　合作经济组织法人，是指城市居民或者农民等小生产者，为了维护和改善各自的生产及生活条件，在自愿互助和平等互利的基础上，遵守合作社的法律和规章制度，联合从事特定经济活动所组成的具有企业性质的特别法人。合作经济组织依法成立后，符合法律要求的，就具有法人资格，具有民事权利能力和民事行为能力，依法承担民事责任。

第一百零一条　**基层群众性自治组织法人**

　　居民委员会、村民委员会具有基层群众性自治组织法人资格，可以从事为履行职能所需要的民事活动。
　　未设立村集体经济组织的，村民委员会可以依法代行村集体经济组织的职能。

● **相关规定**

《村民委员会组织法》第2条;《城市居民委员会组织法》第2~4条

第四章 非法人组织

第一百零二条 非法人组织的定义

> 非法人组织是不具有法人资格,但是能够依法以自己的名义从事民事活动的组织。
>
> 非法人组织包括个人独资企业、合伙企业、不具有法人资格的专业服务机构等。

● **条文注释**

非法人组织的特征包括:(1)非法人组织是不同于自然人和法人的社会组织;(2)非法人组织有自己的名称,以自己的名义进行民事活动,是不具备法人资格的社会组织;(3)非法人组织具有相应的民事权利能力和民事行为能力;(4)非法人组织有自己特定的民事活动目的,如进行经营活动,发展教育、科学、宗教以及慈善事业。

非法人组织有如下几种类型:(1)个人独资企业,是指依照法律规定在中国境内设立,由一个自然人投资,财产为投资人个人所有,投资人以其个人财产对企业债务承担无限责任的经营实体。(2)合伙企业,包括普通合伙企业和有限合伙企业,普通合伙企业,是指由普通合伙人组成,合伙人对合伙企业债务承担无限连带责任的组织;有限合伙企业,是指由普通合伙人和有限合伙人组成的合伙企业。(3)不具有法人资格的专业服务机构,是指以专业知识和专业技能为客户提供有偿服务为目的，并依法承担责任的普通合伙企业，主要包括律师事务所、会计师事务所等提供专业服务的企业。(4) 其他非法人组织，如依法登记领取我国营业执照的中外合作经营企业、外资企业以及经依法登记领取营业执照的乡镇企业、街道企业，符合民法典总则编关于非法人组织条件的要求的企业。

● *相关规定*

《个人独资企业法》第 2 条；《合伙企业法》第 2 条；《律师法》第 15 条；《注册会计师法》第 23 条

第一百零三条　非法人组织的设立程序

非法人组织应当依照法律的规定登记。

设立非法人组织，法律、行政法规规定须经有关机关批准的，依照其规定。

● *相关规定*

《合伙企业法》第 9 条；《个人独资企业法》第 9 条；《律师法》第 18 条；《注册会计师法》第 25 条

第一百零四条　非法人组织的债务承担

非法人组织的财产不足以清偿债务的，其出资人或者设立人承担无限责任。法律另有规定的，依照其规定。

● *条文注释*

非法人组织承担的责任是无限连带责任，与法人承担的有限责任不同，这是非法人组织与法人的根本性区别之一。无限责任是投资人或者设立人在非法人组织的债务超过了非法人组织拥有的财产时，出资人或者设立人不仅应接受出资损失的事实,以非法人组织的财产清偿债务,还应当以自己的全部其他财产对非法人组织的债务承担责任。承担非法人组织债务的主体是出资人或者设立人。对非法人组织的债务,所有的出资人或者设立人都承担无限责任。出资人或者设立人为二人以上的,对非法人组织的债务承担无限连带责任。

● 相关规定

《个人独资企业法》第 2 条;《合伙企业法》第 39 条、第 57 条

第一百零五条　非法人组织的代表人

非法人组织可以确定一人或者数人代表该组织从事民事活动。

● 相关规定

《合伙企业法》第 26 条第 2 款

第一百零六条　非法人组织的解散

有下列情形之一的,非法人组织解散:

(一) 章程规定的存续期间届满或者章程规定的其他解散事由出现;

(二) 出资人或者设立人决定解散;

(三) 法律规定的其他情形。

● 条文注释

非法人组织解散是非法人组织的终止,是根据法律的规定终结设立非法人组织的协议,经过解散和清算等程序,最终注销非法人组织。如果是合伙企业,其解散就是散伙。

非法人组织解散的事由包括：（1）章程规定的存续期间届满或者其他解散事由出现。非法人组织章程规定的存续期间届满，出资人或者设立人决定不再经营，非法人组织可以解散。非法人组织章程规定的其他解散事由出现的，非法人组织可以解散。（2）出资人或者设立人决定解散，在非法人组织存续期间内，只要全体出资人或者设立人决定终止非法人组织，就可以解散非法人组织。（3）法律规定的其他情形，法律或者行政法规规定了非法人组织解散的其他事由，当该事由出现后，非法人组织依照这些法律或者行政法规的规定予以解散，如非法人组织被兼并或者被宣告破产，也导致非法人组织解散。

● *相关规定*

《合伙企业法》第85条；《个人独资企业法》第26条

第一百零七条　非法人组织的清算

非法人组织解散的，应当依法进行清算。

● *条文注释*

非法人组织解散后，应当依法进行清算，以终结非法人组织现存的各种法律关系，依法清理非法人组织的债权债务。本条对于非法人组织解散以后的清算并没有规定具体规则，应当依照本法第一百零八条"非法人组织除适用本章规定外，参照适用本编第三章第一节的有关规定"，参照适用本法第七十条至第七十三条的规定，包括成立清算组、清算程序、清算组的职权、清算期间非法人组织的存续，以及清算后的财产和注销登记等。

● *相关规定*

《个人独资企业法》第27~32条；《合伙企业法》第86~88条

第一百零八条　非法人组织的参照适用规定

非法人组织除适用本章规定外，参照适用本编第三章第一节的有关规定。

第五章　民事权利

第一百零九条　一般人格权

自然人的人身自由、人格尊严受法律保护。

● *相关规定*

《宪法》第37~38条

第一百一十条　民事主体的人格权

自然人享有生命权、身体权、健康权、姓名权、肖像权、名誉权、荣誉权、隐私权、婚姻自主权等权利。

法人、非法人组织享有名称权、名誉权和荣誉权。

● *条文注释*

1. 生命权

生命权是以自然人的生命安全利益为内容的一种人格权。其特征主要有：

（1）生命权以自然人的生命安全为客体，即维护生命的正常活动，保障生命不受非法剥夺的人格利益。

（2）生命权以维护人的生命活动延续为基本内容。侵害生命权的行为，使人的生命活动不能延续，其后果必然是死亡。

（3）生命权保护的对象是人的生命活动能力。人的生命活动能力是一项独立的人格利益，是在具有生命活动能力的基础上，从事劳动、创造财富的体力和脑力。

2. 健康权

健康权是自然人以其身体外部组织的完整和身体内部生理机能的健全，使肌体生理机能正常运作和功能完善发挥，从而维持人体生命活动为内容的人格权。健康权属于物质性人格权，其客体仅指公民的生理健康。

3. 姓名权

姓名权是自然人依法享有决定、使用和依照规定改变自己姓名并排除他人侵害的权利。姓名权的内容包含三项：

（1）姓名决定权。姓名决定权是指自然人决定其姓名的权利。每个自然人可以选择自己的姓名，未成年人由于行为能力的原因，通常由父母代为行使姓名决定权。依本法婚姻家庭编的规定，子女可随父姓，可随母姓。

（2）姓名使用权。公民有权依法使用自己的姓名，对自己的姓名享有专有权，任何人不得阻止权利人使用其姓名。公民可以自己在民事活动中使用其姓名，也可以许可他人根据法律规定或自己授权使用其姓名，同时还有要求他人正确使用其姓名的权利。

（3）姓名变更权。公民有权变更自己的姓名，但应遵循一定的法定条件与程序，不允许随意变更。未成年人具备行为能力后，可根据自己的意愿改变原姓名。

4. 名称权

名称权，是指法人、个体工商户、个人合伙等社会组织依法享有的决定、使用、改变其名称，并排除他人干涉的权利。名称权包含以下内容：

（1）名称决定权。对于企业法人，法律要求必须设定名称；而对于个体工商户、个人合伙等组织，则依其意愿，可以设定名称，也可以不设定。

（2）名称使用权。社会组织对其名称享有专有权，可以排除任何人的干涉与妨碍，自主加以使用。但在使用其名称时也有一定的限制，必须依据法律的规定使用。

（3）名称变更权。名称可以依法全部或部分变更。关于变更的范围，依名称权人的意愿，可以是部分变更，也可以是全部变更。如果原名称是经登记的，则变更后的名称也须办理变更登记手续。

（4）名称转让权。这是名称权的特殊之处，人格权具有专属性，一般不得转让。但法人名称权依法可以转让，这是人格权的一个例外。转让可以是全部转让，也可以是部分转让。全部转让的，原名称权人不得再使用该名称；部分转让的，原名称权人仍享有名称权，受让人只是取得使用该名称的权利。

法人的名称权受到侵害，权利人有权要求停止侵害，恢复名誉，消除影响，赔礼道歉，并可以要求赔偿损失。

5. 肖像权

肖像，是指以一定的物质形式再现出来的自然人的形象。肖像权就是自然人所享有的对自己的肖像上所体现的人格利益为内容的一种人格权。

肖像权包含三项内容：（1）肖像制作权。肖像权人有权决定是否制作以及怎样制作自己的肖像。肖像权人既有权自己制作肖像，也有权委托他人制作自己的肖像。未经肖像权人同意，他人不得擅自制作其肖像。（2）肖像使用权。自然人有权以任何合法方式使用自己的肖像并通过肖像的利用取得精神上的满足和财产上的利益。使用包括自我使用和转让使用两个方面。未经肖像权人同意，他人不得使用其肖像。（3）利益维护权。肖像权人有权禁止他人毁损、玷污、丑化自己的肖像。

肖像是公民的直观标志，国家为维持正常秩序和社会公益，在一定情况下必须使用公民的肖像，此时不必征得肖像权人的同意。这种权利限制根据称为阻却违法事由。如新闻报道使用国家工作人员参加公务活动的照片，寻人启事使用照片等。这些使用都是对肖像权的限制。

6. 名誉权

名誉权是指民事主体就自身属性和价值所获得的社会评价和自我评价享有的保有和维护的人格权。名誉权具有如下法律特征：

（1）名誉权的主体包括所有民事主体，既包括自然人，也包括法人和其他民事主体。

（2）名誉权的客体是名誉利益。这种名誉利益是民事主体就自身属性和价值所获得的社会评价和自我认识。

（3）名誉权不具有财产性，但与财产利益有关系。名誉权是纯精神上的权利，既不具有直接的财产价值，也不能产生直接的经济利益，尤其对自然人来讲。但是不能就此否认名誉权与财产利益的联系。

以口头、书面等形式宣扬他人的隐私，或者捏造事实公然丑化他人人格，以及用侮辱、诽谤等方式损害他人名誉，造成一定影响的，应当认定为侵害公民名誉权的行为。以书面、口头等形式诋毁、诽谤法人名誉，给法人造成损害的，应当认定为侵害法人名誉权的行为。

值得注意的是，死亡的人能否享有名誉权的问题。对死者名誉的损害，侵害的是死者近亲属的精神利益，其近亲属有权提起诉讼。

7. 荣誉权

荣誉权，是指公民、法人所享有的，因自己的突出贡献或特殊劳动成果而获得光荣称号或其他荣誉的权利。

荣誉权与名誉权，都表明了民事主体在社会中的信誉与评价，有着一定的关联性，如当事人获得荣誉称号会提高其名誉。但荣誉权与名誉权毕竟是两个不同的概念：

（1）荣誉并非每个社会成员都能取得，只有某些做出突出贡献或取得重大成果的人才会获得荣誉称号，因而具有专属性；而名誉是每个公民或法人都享有的，具有普遍性。

（2）荣誉的取得必须经过特定的程序，由国家机关或社会组织给予表彰的方式授予；名誉则是社会对每个公民或法人的评价，其取得无须履行任何程序。

（3）荣誉权的丧失通常也要由有关单位基于法定事由予以剥夺；名誉权则无法被剥夺或限制。

8. 隐私权

隐私权是指自然人就个人私事、个人信息等个人生活领域内的事情不为他人知悉、禁止他人干涉的权利。

名誉权与隐私权的区别在于：（1）隐私权主体只能是自然人，名誉权主体包括自然人和法人；（2）隐私权内容具有真实性、隐秘性；（3）隐私权的保护范围受公共利益的限制。

9. 婚姻自由权

婚姻自由权，又称婚姻自主权，是指自然人依照法律规定，自己决定其婚姻的缔结和解除，不受其他任何人强迫或干涉的人格权。

婚姻自由权包括结婚自由和离婚自由两方面的权利内容。结婚自由，是指公民有权自己做主，决定是否结婚、和谁结婚及何时结婚，其他任何组织或个人不得强制和干涉。婚姻自由权必须依法享有，否则是滥用婚姻自由。离婚自由是男女任何一方基于夫妻感情确已破裂而提出解除婚姻关系的权利。离婚自由是婚姻自由的一项重要内容。

● 典型案例

1. 安徽某医疗科技公司诉安徽某健康科技公司名誉权纠纷案
[人民法院贯彻实施民法典典型案例（第二批）① 之八]

原告安徽某医疗科技公司与被告安徽某健康科技公司均生产防护口罩。2021年7月，安徽某健康科技公司向安徽省商务厅投诉称，安徽某医疗科技公司盗取其公司防护口罩的产品图片等宣传资料，并冒用其公司名义在国际电商平台上公开销售产品。随后，安徽某医疗科技公司收到安徽省商务厅的约谈通知。与此同时，该公司不断接到客户电话反映称，安徽某健康科技公司在公司官网、微信公众号上发布指责其盗用防护口罩名称、包装的文章，被各大网络平台转载。经查，涉案国际电商平台设立在东南亚某国，安徽某医疗科技公司从未在该平台上注册企业用户信息，也不是该平台的卖家商户，虽然平台上确有安徽某健康科技公司防护口罩的产品信息，但网页配图中安徽某医疗科技公司的厂房和车间图片系被盗用和嫁接。为了维护自身合法权益，安徽某医疗科技公司诉至法院，请求判令安徽某健康科技公司立即停止侵犯名誉权行为并赔礼道歉。安徽某健康科技公司提起反诉，要求安徽某医疗科技公司立即停止在国际电商平台销售和宣传侵权产品，并赔礼道歉。

生效裁判认为，涉案国际电商平台上涉及两家公司的商品信息均

---

① 《人民法院贯彻实施民法典典型案例（第二批）》，载最高人民法院网站，https://www.court.gov.cn/zixun/xiangqing/386521.html，最后访问时间：2023年8月29日。

为网站用户在其个人终端上自主上传，安徽某医疗科技公司没有在该平台上注册过企业用户信息，不具备在该电商平台上销售产品的前提条件，网页配图系被他人盗用。安徽某健康科技公司发现平台用户存在侵权行为后，应当第一时间向该电商平台要求采取删除、屏蔽、断开链接等必要措施，并查清实际侵权人。但安徽某健康科技公司未核实信息来源，仅凭配发的安徽某医疗科技公司图片即向有关部门投诉。在投诉尚无结论时，安徽某健康科技公司即在公司官网及微信公众号发布不实言论，主观认定安徽某医疗科技公司假冒、仿冒其公司产品，文章和声明被各大网络平台大量转载和传播，足以引导阅读者对安徽某医疗科技公司产生误解，致使公司的商业信誉降低，社会评价下降。安徽某健康科技公司的行为严重侵犯安徽某医疗科技公司的企业名誉，构成侵权，应当承担相应的民事责任。据此，依法判决安徽某健康科技公司停止侵害、删除发布在网站上的不实信息并登报赔礼道歉，驳回安徽某健康科技公司的反诉。

2. 邓某强与佛山高明某银行名誉权纠纷案 [广东法院贯彻实施民法典典型案例（第二批）① 之一]

2020年6月11日，佛山高明某银行与汇某公司签订借款合同，约定在最高借款本金8000万元内向汇某公司发放贷款。2021年1月18日，邓某强发现其个人信用报告中记载为企业担保责任担保金额8000万元，借款人为汇某公司。邓某强于当日向佛山高明某银行反映该情况，经核实，该贷款非邓某强的还款责任，系佛山高明某银行报送征信信息录入错误导致，后续该行将跟进处理。2021年4月8日，邓某强查询个人信用报告显示相关还款责任信息已消除。邓某强诉至

---

① 《广东法院贯彻实施民法典典型案例（第二批）》，载广东法院网，https：//www.gdcourts.gov.cn/gsxx/quanweifabu/anlihuicui/content/post_1047303.html，最后访问时间：2023年8月29日。

法院，要求佛山高明某银行、汇某公司共同赔偿精神抚慰金、赔礼道歉等。

佛山市高明区人民法院生效判决认为，佛山高明某银行错误将汇某公司借款合同内的保证人信息登记在邓某强个人信用报告中，其对邓某强个人信用报告出现上述错误存在过错。佛山高明某银行在核实上述错误后，应当及时采取必要措施，但其虽承诺跟进处理，却未将结果书面答复邓某强。佛山高明某银行未准确报送信息致使邓某强个人信用报告出现不属于其本人的贷款担保信息，对邓某强的信用评价确有影响，侵害了邓某强的名誉权，应依法承担民事责任。2021年5月11日，判决佛山高明某银行赔礼道歉，并支付精神抚慰金2万元。

3. 黄某诉邵某隐私权纠纷案（上海市青浦区人民法院弘扬社会主义核心价值观典型案例[①]之案例1）

原、被告系同一小区前后楼栋的邻居，两家最近距离不足20米，在小区已有安防监控设施的基础上，被告为随时监控住宅周边，在其入户门上安装一款采用人脸识别技能、可自动拍摄视频并存储的可视门铃，位置正对原告等前栋楼多家住户的卧室和阳台。原告认为，被告可通过手机软件操控可视门铃、长期监控原告住宅，侵犯其隐私，生活不得安宁。被告认为，可视门铃感应距离仅3米，拍摄到的原告家模糊不清，不构成隐私，其从未有窥探原告的意图，对方应予以理解，不同意将可视门铃拆除或移位。后原告诉至法院，请求判令被告拆除可视门铃、赔礼道歉并赔偿财产损失及精神损害抚慰金。

法院经审理后认为：被告虽是在自有空间内安装可视门铃，但该

---

① 《上海市青浦区人民法院弘扬社会主义核心价值观典型案例》，载上海市高级人民法院网，https://www.hshfy.sh.cn/shfy/web/xxnr.jsp?pa=aaWQ9MTAyMDI5NjcxMSZ4aD0xJmxtZG09bG0xNzEPdcssz，最后访问时间：2023年8月29日。

设备拍摄的领域超出自有空间，摄入了原告的住宅。而住宅具有私密性，是个人生活安宁的起点和基础，对于维护人格尊严和自由至关重要。虽然从可视门铃拍摄的片段看，原告住宅内的影像不够清晰，但该设备能通过人脸识别、后台操控双重模式启动拍摄，还可长期录制视频并存储，以此积累大量的影像数据。并且，从现场环境分析，双方长期近距离相处、相对熟悉，为辨认影像提供了可能，以此获取原告住宅内的私密信息和行为现实可行，原告的生活安宁也将受到侵扰，邻里关系也确实受到了影响。即便被告没有窥探的故意，其安装行为本身也将导致原告失去对隐私的控制，侵害原告的隐私权。所在小区已为业主配备了一定的安保设施，从现场情况来看，如对选择的设备或安装位置加以调整，也有能兼顾原告隐私保护的改良方案，被告的安装并非必要。综上，被告要求原告对安装行为予以容忍，于法无据，法院不予支持。因原告无充分证据证明因被告的行为造成精神及物质损害，故法院判决被告拆除可视门铃，而对原告赔礼道歉及赔偿损失的请求未予支持。

● *相关规定*

《未成年人保护法》第 4 条；《妇女权益保障法》第 42 条；《最高人民法院关于确定民事侵权精神损害赔偿责任若干问题的解释》第 1~6 条

第一百一十一条　个人信息受法律保护

自然人的个人信息受法律保护。任何组织或者个人需要获取他人个人信息的，应当依法取得并确保信息安全，不得非法收集、使用、加工、传输他人个人信息，不得非法买卖、提供或者公开他人个人信息。

● **条文注释**

　　个人信息权，是指自然人依法对其本人的个人资料信息所享有的支配并排除他人侵害的人格权。个人信息权的权利内容包括占有权、决定权、保护权、知情权、更正权、锁定权、被遗忘权。

　　信息权的义务人应当承担的义务，是本条后段规定的内容：任何组织和个人应当确保依法取得的个人信息安全，不得非法收集、使用、加工、传输他人个人信息，不得非法买卖、提供或者公开他人个人信息。违反这样的义务，应当承担侵权责任。

　　负有保护自然人个人信息权的特别义务主体，是依法取得个人信息的任何组织和个人。具体包括：依法取得个人信息的网络服务提供者、其他企业事业单位、国家机关及工作人员，以及其他任何组织或者个人。

● **典型案例**

孙某燕与某通信公司某市分公司等隐私权、个人信息保护纠纷案
[人民法院贯彻实施民法典典型案例（第二批)① 之九]

　　2011年7月，原告孙某燕在被告某通信公司某市分公司处入网，办理了电话卡。2020年6月至12月，孙某燕持续收到营销人员以某通信公司某市分公司工作人员名义拨打的推销电话，以"搞活动""回馈老客户""赠送""升级"等为由数次向孙某燕推销套餐升级业务。期间，原告孙某燕两次拨打该通信公司客服电话进行投诉，该通信公司客服在投诉回访中表示会将原告的手机号加入"营销免打扰"，以后尽量避免再向原告推销。后原告孙某燕又接到了被告的推销电话，经拨打该通信公司客服电话反映沟通未得到回复，遂通过工业和

---

　　① 《人民法院贯彻实施民法典典型案例（第二批）》，载最高人民法院网站，https://www.court.gov.cn/zixun/xiangqing/386521.html，最后访问时间：2023年8月29日。

信息化部政务平台"电信用户申诉受理平台"进行申诉。该平台回复"在处理过程中,双方未能达成一致意见,依据《电信用户申诉处理办法》第十七、十九、二十条等规定,因调解不成,故视为办结,建议依照国家有关法律规定就申诉事项向仲裁机构申请仲裁或者向人民法院提起诉讼"。原告孙某燕遂向人民法院提起诉讼,请求被告承担侵权责任。

生效裁判认为,自然人的私人生活安宁不受侵扰和破坏。本案中,孙某燕与某通信公司某市分公司之间的电信服务合同依法成立生效。某通信公司某市分公司应当在服务期内为孙某燕提供合同约定的电信服务。孙某燕提交的证据能够证明某通信公司某市分公司擅自多次向孙某燕进行电话推销,侵扰了孙某燕的私人生活安宁,构成了对孙某燕隐私权的侵犯。故判决被告某通信公司某市分公司未经原告孙某燕的同意不得向其移动通信号码拨打营销电话,并赔偿原告孙某燕交通费用 782 元、精神损害抚慰金 3000 元。

● **相关规定**

《消费者权益保护法》第 14 条、第 29 条、第 50 条;《个人信息保护法》第 2 条;《刑法》第 253 条之一

第一百一十二条　婚姻家庭关系等产生的人身权利

自然人因婚姻家庭关系等产生的人身权利受法律保护。

● **条文注释**

身份权,是指自然人基于特定的身份关系产生并由其专属享有,以其体现的身份利益为客体,为维护该种利益所必需的人身权利。换言之,身份权是由亲属身份关系发生的人身权利。身份权的对外关系,表明身份权的绝对性——其他任何人都负有不得侵犯该权利的义

务。身份权的对内关系，来源于身份权的相对性——由于总是在特定的、相对应的亲属之间享有身份权，因此身份权的主要内容是对内的权利义务关系。

身份权具体包括配偶权、亲权和亲属权。配偶权就是配偶之间的身份权，具体包括住所决定权、忠实义务、日常事务代理权等。亲权是指父母对未成年子女在人身和财产方面的管教和保护的权利与义务。亲属权也叫作其他亲属权，是指除配偶、未成年子女与父母外的其他近亲属之间的基本身份权，表明这些亲属之间互为亲属的身份利益为其专属享有和支配，其他任何人均负不得侵犯的义务。

● *相关规定*

《民法典》第 1001 条

第一百一十三条　财产权受法律平等保护

民事主体的财产权利受法律平等保护。

● *条文注释*

财产权利平等保护原则，是指不同的民事主体对其所享有的财产权利，享有平等地位，适用规则平等和法律保护平等的民法原则。本条规定民事主体的财产权利受法律平等保护原则，对保护自然人的私有财产权利具有重要的意义。有了这一原则，可以更好地保护自然人的私有财产，进而鼓励自然人创造更多的财富，拥有更好的物质生活保障。

第一百一十四条 物权的定义及类型

民事主体依法享有物权。

物权是权利人依法对特定的物享有直接支配和排他的权利，包括所有权、用益物权和担保物权。

● 条文注释

物权，是指民事主体在法律规定的范围内直接支配一定的物，享受利益并排除他人干涉的权利，是人与人之间对于物的归属和利用关系在法律上的体现。

所有权，是指所有人依法按照自己的意志通过对其所有物进行占有、使用、收益、处分等方式，独占性支配其所有物并排斥他人非法干涉的永久性物权。用益物权，是指非所有权人对他人所有之物所享有的占有、使用和收益的他物权。用益物权包括土地承包经营权、建设用地使用权、宅基地使用权、居住权、地役权等。担保物权，是指债权人所享有的为确保债权实现，在债务人或者第三人所有的物或者权利之上所设定的，就债务人的债务不履行时，或者发生当事人约定的实现担保物权的情形时，就担保物的变价优先受偿的他物权。所有权、用益物权、担保物权的具体规定见本法物权编。

● 典型案例

中信银行股份有限公司东莞分行诉陈志华等金融借款合同纠纷案(最高人民法院指导案例168号)

以不动产提供抵押担保，抵押人未依抵押合同约定办理抵押登记的，不影响抵押合同的效力。债权人依据抵押合同主张抵押人在抵押物的价值范围内承担违约赔偿责任的，人民法院应予支持。抵押权人对未能办理抵押登记有过错的，相应减轻抵押人的赔偿责任。

● *相关规定*

《民法典》第 205 条

第一百一十五条 物权的客体

物包括不动产和动产。法律规定权利作为物权客体的，依照其规定。

● *相关规定*

《民法典》第 208 条

第一百一十六条 物权法定原则

物权的种类和内容，由法律规定。

● *条文注释*

物权法定原则是民法的一项基本原则，也是物法区别于债法的重要标志。它又称为物权法定主义，是指物权只能依据法律设定，禁止当事人自由创设物权，也不得变更物权的种类、内容、效力和公示方法。

物权法定原则的内容，包括物权类型强制和物权内容强制。物权类型强制的含义是，物权的种类非经法律规定，当事人不得创设。当事人只能依照法律明确规定的物权类型和条件设立物权，不能超出法律的规定设立法定物权以外的物权类型。物权内容强制（即物权类型固定）的含义是，物权的内容非经法律规定，当事人不得创设。法律对一个具体物权的内容规定是什么就是什么，不得由当事人约定法定物权的具体内容。

第一百一十七条　征收与征用

为了公共利益的需要，依照法律规定的权限和程序征收、征用不动产或者动产的，应当给予公平、合理的补偿。

● 相关规定

《土地管理法》第 45~49 条；《国有土地上房屋征收与补偿条例》第 2 条

第一百一十八条　债权的定义

民事主体依法享有债权。

债权是因合同、侵权行为、无因管理、不当得利以及法律的其他规定，权利人请求特定义务人为或者不为一定行为的权利。

● 条文注释

债一般可分为合同之债、侵权之债、无因管理之债和不当得利之债。债权是按照合同约定或者依照法律的规定，在当事人之间产生的特定的权利和义务关系，也称为债权关系或者债的关系。在债权关系中，享有权利的人为债权人，负有义务的人为债务人。债权人享有的权利为债权，债务人承担的义务为债务。债权就是在债的关系中，一方（债权人）请求另一方（债务人）为一定行为或者不为一定行为的权利。

债权的法律特征有：(1) 债权是相对权，是在特定主体之间发生的民事法律关系；(2) 债权的性质是请求权，债权的实现有赖于债务人为一定行为或者不为一定行为，即债权人只能请求债务人为一定行为或者不为一定行为；(3) 债权具有期限性，原则上不能永久存在；等等。

第一百一十九条　合同之债

依法成立的合同，对当事人具有法律约束力。

● **相关规定**

《民法典》合同编

第一百二十条　侵权之债

民事权益受到侵害的，被侵权人有权请求侵权人承担侵权责任。

● **典型案例**

曹某诉某公司侵权赔偿纠纷案[①]

2023年7月2日晚，原告曹某在被告某公司经营的一家KTV唱歌。次日0时许，原告在上卫生间时不慎摔倒，左侧下巴撞到了铁质卫生纸筒边缘，致其面部裂伤。原告起诉被告，要求赔偿医疗费、误工费等。

法院认为：宾馆、商场、银行、车站、娱乐场所等公共场所的管理人或群众性活动的组织者，未尽到安全保障义务，造成他人损害的，应当承担侵权责任。本案中，被告某公司作为娱乐场所的管理人，应对其所经营的场所包括卫生间负有安全保障义务，根据法院查明的事实，其在卫生间未设置安全警示标志及使用铁质卫生纸筒，对使用其卫生间的人员均造成了潜在的安全隐患，且与原告的受伤或伤势的扩大存在因果关系，故法院确认被告某公司对原告的受伤负有一定的责任。原告作为正常的具有完全民事行为能力的人，在使用卫生

---

① 该案为编者根据工作、研究所得编辑加工而成。

间时，应该知道卫生间的地面比一般地面更为湿滑，应该更加注意安全，但原告实际上并未尽到谨慎义务，故原告对其受伤也负有一定的责任。综合原、被告双方的责任大小，法院确定被告对原告此次受伤承担40%的赔偿责任。

● **相关规定**

《民法典》侵权责任编；《最高人民法院关于确定民事侵权精神损害赔偿责任若干问题的解释》；《最高人民法院关于审理人身损害赔偿案件适用法律若干问题的解释》

第一百二十一条　无因管理之债

没有法定的或者约定的义务，为避免他人利益受损失而进行管理的人，有权请求受益人偿还由此支出的必要费用。

● **条文注释**

无因管理是指没有法定义务或者约定的义务，为避免他人利益受到损失而进行管理或者服务的行为。管理他人事务的人称为管理人，其事务被他人管理的人称为本人或者受益人。

构成无因管理须具备三个条件：（1）管理人须对他人事务进行管理或者服务；（2）管理人没有法定的或者约定的义务，无因是指管理人对他人事务的管理没有法律上的原因；（3）管理人须为避免他人利益受损失而管理。民法典合同编设置了"准合同"分编，规定了无因管理之债和不当得利之债的规则。

● **相关规定**

《民法典》第979~984条

第一百二十二条　不当得利之债

因他人没有法律根据，取得不当利益，受损失的人有权请求其返还不当利益。

● **条文注释**

不当得利是指没有合法根据而通过造成他人损失而取得的不当利益，受损人享有请求得利人返还其不当利益的债权债务关系。当事人之间因不当得利所发生的债权债务关系，称为不当得利之债。获得利益的一方为得利人，受到损失的一方为受损人。

构成不当得利请求权，须具备四个要件：（1）一方获得利益；（2）他方受有损失；（3）取得利益与受有损失之间有因果关系；（4）无合法根据。

返还不当得利，应当包括原物和原物所生的孳息。利用不当得利所取得的其他利益，扣除劳务管理费用后，应当予以收缴。

● **相关规定**

《民法典》第 985～988 条

第一百二十三条　知识产权及其客体

民事主体依法享有知识产权。

知识产权是权利人依法就下列客体享有的专有的权利：

（一）作品；

（二）发明、实用新型、外观设计；

（三）商标；

（四）地理标志；

（五）商业秘密；

（六）集成电路布图设计；
（七）植物新品种；
（八）法律规定的其他客体。

● *条文注释*

知识产权，也叫智慧财产所有权，是指民事主体基于其创造性智力成果和工商业标记依法产生的专有民事权利的统称。知识产权是一种无形财产权，属于广义的财产权利范畴，其客体是智慧劳动成果或者是知识产品，是一种没有形体的精神财富，是创造性的智力劳动所产生的劳动成果。知识产权的主要类型包括著作权、专利权、商标权等。

知识产权的内容包括两大部分：（1）人身权利，也称为精神权利，是指权利同取得智力成果的人身不可分离，是人身关系在法律上的反映，包括作者的署名权、作品的发表权、作品的修改权、维护作品的完整权等。（2）财产权利，也称为经济权利，是指智力成果被法律承认以后，权利人可以利用这些智力成果取得报酬或者得到奖励的权利。

● *典型案例*

1. **左尚明舍家居用品（上海）有限公司诉北京中融恒盛木业有限公司、南京梦阳家具销售中心侵害著作权纠纷案（最高人民法院指导案例157号）**

对于具有独创性、艺术性、实用性、可复制性，且艺术性与实用性能够分离的实用艺术品，可以认定为实用艺术作品，并作为美术作品受著作权法的保护。受著作权法保护的实用艺术作品必须具有艺术性，著作权法保护的是实用艺术作品的艺术性而非实用性。

2. 深圳市卫邦科技有限公司诉李坚毅、深圳市远程智能设备有限公司专利权权属纠纷案（最高人民法院指导案例158号）

  判断是否属于与在原单位承担的本职工作或者原单位分配的任务"有关的发明创造"时，应注重维护原单位、离职员工以及离职员工新任职单位之间的利益平衡，综合考虑以下因素作出认定：一是离职员工在原单位承担的本职工作或原单位分配的任务的具体内容；二是涉案专利的具体情况及其与本职工作或原单位分配的任务的相互关系；三是原单位是否开展了与涉案专利有关的技术研发活动，或者有关的技术是否具有其他合法来源；四是涉案专利（申请）的权利人、发明人能否对专利技术的研发过程或者来源作出合理解释。

3. 广州王老吉大健康产业有限公司诉加多宝（中国）饮料有限公司虚假宣传纠纷案（最高人民法院指导案例161号）

  人民法院认定广告是否构成反不正当竞争法规定的虚假宣传行为，应结合相关广告语的内容是否有歧义，是否易使相关公众产生误解以及行为人是否有虚假宣传的过错等因素判断。一方当事人基于双方曾经的商标使用许可合同关系以及自身为提升相关商标商誉所做出的贡献等因素，发布涉案广告语，告知消费者基本事实，符合客观情况，不存在易使相关公众误解的可能，也不存在不正当地占用相关商标的知名度和良好商誉的过错，不构成反不正当竞争法规定的虚假宣传行为。

● *相关规定*

  《著作权法》第3条；《专利法》第2条；《商标法》第3条；《反不正当竞争法》第6条

第一百二十四条　继承权及其客体

自然人依法享有继承权。

自然人合法的私有财产，可以依法继承。

● *条文注释*

继承权，是指自然人按照被继承人所立的合法有效的遗嘱或者法律的直接规定，而享有的继承被继承人遗产的权利。在继承中，遗留财产的死者称为被继承人；死者的财产称为遗产；取得遗产的人称为继承人；继承人继承遗产的权利称为继承权。继承权的特征是：(1) 继承权的主体是自然人，而不能是法人、非法人组织或者国家；(2) 继承权是自然人依照合法有效的遗嘱或者法律的直接规定而享有的权利，其发生根据有两种，一是法律的直接规定，二是合法有效的遗嘱的指定；(3) 继承权的客体是被继承人的财产权利，并不是被继承人的遗产；(4) 继承权的性质是财产权，同时具有身份属性，因为继承通常是在特定的亲属之间发生的，因而继承权具有双重属性。

● *相关规定*

《民法典》继承编

第一百二十五条　投资性权利

民事主体依法享有股权和其他投资性权利。

● *条文注释*

股权，是指股东基于出资行为，在依法设立的公司中取得股东地位或者出资人资格，在公司中享有的以财产收益权为核心，并可以依法参与公司事务的权利。股权是财产权利。

其他投资性权利，是指股权以外的，自然人、法人或者非法人组织作为出资人或者开办人，基于其向非公司性的营利法人或者非法人组织出资而获得的出资人或者开办人的身份，以及基于该身份而享有的经营收益权。这些其他投资性权利也属于民事权利，与股权类似，民法予以保护。

第一百二十六条　其他民事权益

民事主体享有法律规定的其他民事权利和利益。

第一百二十七条　对数据和网络虚拟财产的保护

法律对数据、网络虚拟财产的保护有规定的，依照其规定。

● 条文注释

数据可以分为原生数据和衍生数据。原生数据是指不依赖于现有数据而产生的数据；衍生数据是指原生数据被记录、存储后，经过算法加工、计算、聚合而成的系统的、可读取、有使用价值的数据，如购物偏好数据、信用记录数据等。能够建立知识产权客体的数据是衍生数据。衍生数据的性质属于智力成果，与一般数据不同。在数据市场交易和需要民法规制的数据是衍生数据。以衍生数据为客体建立的权利是数据专有权。数据专有权是一种财产权，性质属于一种新型的知识产权。数据专有权与传统的知识产权有明显不同，在权利的主体、客体以及保护等方面，都存在明显的差别。数据专有权具备传统知识产权无形性、专有性、可复制性的特点，但不具备传统知识产权的地域性、时间性的特点，因此是新型的权利类型。

网络虚拟财产是指虚拟的网络本身以及存在于网络上的具有财产性的电磁记录，是一种能够用现有的度量标准度量其价值的数字化的新型财产。网络虚拟财产作为一种新兴的财产，具有不同于现有财产类型的特点。

● *典型案例*

俞某诉某科技公司网络服务合同案（广州互联网法院涉数据及虚拟财产十大典型案例[1]之6）

俞某的某直播平台账号显示在异地被登录并被盗刷了价值1180元的红钻券。俞某立即联系平台运营商某科技公司，但其未采取措施，致红钻券被盗用。俞某遂起诉某科技公司请求赔偿损失。

法院经审理认为，某科技公司向用户提供的防盗措施不够周密，且未能提供或保存被盗财产的流向等信息，在技术和服务上存在一定疏漏，对俞某的损失负有次要责任，故判令某科技公司赔偿被盗损失的40%的责任。本案判决为妥善调处网络服务合同纠纷、完善网络服务提供者责任承担规则提供了范例。裁判结果有利于提高对网络虚拟财产的保护水平，亦有助于加强用户和网络服务提供者的安全保障意识和责任意识。

● *相关规定*

《数据安全法》

第一百二十八条 **对弱势群体的特别保护**

法律对未成年人、老年人、残疾人、妇女、消费者等的民事权利保护有特别规定的，依照其规定。

---

[1] 参见《广互涉数据纠纷合议庭揭牌暨典型案例发布》，载"广州互联网法院"微信公众号，https://mp.weixin.qq.com/s/RoLzHHPBwvZE1qU6jOoN6Q，最后访问时间：2023年8月31日。

● *相关规定*

《未成年人保护法》第3条;《老年人权益保障法》第3条;《残疾人保障法》第3条;《妇女权益保障法》第2条;《消费者权益保护法》第2条

第一百二十九条　民事权利的取得方式

民事权利可以依据民事法律行为、事实行为、法律规定的事件或者法律规定的其他方式取得。

● *条文注释*

通说认为,民事权利的取得方式为两种,一是原始取得,二是继受取得。民事权利取得的具体方式包括:

1. 民事法律行为。民事法律行为是取得民事权利的基本方式。例如,缔约当事人通过订立合同的行为取得合同债权。

2. 事实行为。事实行为是法律事实的一种,是指行为人实施的不具有设立、变更和消灭民事法律关系的意图,但是依照法律的规定能引起民事法律后果的行为。其特征是:(1)行为作为法律事实,是一种由事实构成的行为,不包括当事人的意思要素;(2)因事实行为而引起的法律后果,非出于当事人的意思表示,而是民法的一种强行性规范;(3)事实行为是一种垫底性的行为,没有当事人的意思表示,法律并不赋予其强制的法律后果,只有在其符合法律要求时才产生法律后果。例如,本法第二百三十一条规定:"因合法建造、拆除房屋等事实行为设立或者消灭物权的,自事实行为成就时发生效力。"

3. 事件。事件是指与人的意志无关,能够引起民事法律后果的客观现象。事件与民事主体的意志无关,独立于人的意志之外,是不受人的意志控制的客观事实,它的发生、发展都依照客观规律发生。事件一经发生，在法律规定的范围内可以引起法律后果，取得民事权利。

4. 法律规定的其他方式。法律规定的民事权利的其他取得方式，主要是法律直接赋予。法律直接赋予的民事权利只有人格权，因此，人格权是固有权利，而不是基于某种事实取得的权利。人格权的固有性是人格权与其他民事权利的基本区别之一。

第一百三十条　权利行使的自愿原则

民事主体按照自己的意愿依法行使民事权利，不受干涉。

第一百三十一条　权利人的义务履行

民事主体行使权利时，应当履行法律规定的和当事人约定的义务。

● *条文注释*

民事权利与民事义务相一致原则，是指民事权利和民事义务相辅相成，民事权利与民事义务永远相对应，民事主体在行使民事权利时，必须履行民事义务的民法基本准则。

民事权利与民事义务相一致的主要表现是：（1）就特定的民事权利而言，必然与特定的民事义务相对应。当一个民事主体享有民事权利时，必有其他民事主体对该民事权利负有民事义务。（2）就特定的民事主体而言，当权利人享有民事权利时，必定也负有相应的民事义务。（3）就特定的行使民事权利行为而言，当一个特定的权利人行使自己的民事权利时，这个权利人的义务人必须履行自己相应的民事义务，以保障民事权利主体享有的民事权利的实现。

第一百三十二条 禁止权利滥用

民事主体不得滥用民事权利损害国家利益、社会公共利益或者他人合法权益。

● **条文注释**

权利人行使权利是自己的自由，但超出必要限度行使权利，就是滥用权利。法律一方面鼓励权利人行使民事权利，获得民事利益；但另一方面禁止权利滥用，为权利的行使划清具体边界，防止因行使权利而损害社会公共利益或者他人的民事权益。

权利滥用是指民事权利主体在外表上虽属于行使权利，但在实际上是背离权利本质或超越权利界限的违法行为。其特征是：（1）权利滥用具有行使权利的表征或与行使权利有关，这是权利滥用的形式特征；（2）权利滥用是违背权利本旨或超越权利正当界限的行为，这是权利滥用的实质特征；（3）权利滥用是一种违法行为，这是权利滥用的法律特征。法律对权利滥用行为予以否认，或者限制其效力的原则，就是禁止权利滥用原则。

● **相关规定**

《宪法》第 51 条

第六章　民事法律行为

第一节　一般规定

第一百三十三条　**民事法律行为的定义**

民事法律行为是民事主体通过意思表示设立、变更、终止民事法律关系的行为。

● *条文注释*

民事法律行为，是指自然人或法人设立、变更、终止民事权利和民事义务的合法行为。其具有如下基本特征：

第一，民事法律行为是民事主体实施的行为。民事主体包括自然人、法人和其他组织。其他主体实施的行为，虽然也能引起民事法律关系的变动，但不能归为民事法律行为，如行政机关作出的决定是行政行为而非民事法律行为。

第二，民事法律行为是能够引起行为人预期法律后果的民事行为。民事法律行为的法律效果是行为人实施民事法律行为所要追求的法律后果，是依行为人意思表示的具体内容而产生。这一特点使民事法律行为的法律后果与事实行为、侵权行为等非表意行为区别开来。因为后者所引起的法律后果都是根据法律的直接规定而产生的，并非行为人依其意思所追求的。

第三，民事法律行为是一种合法的民事行为。民事法律行为能否发生当事人预期的法律后果，取决于该行为是否符合法律规定，即民事法律行为法律效果的发生来源于当事人意思表示的合法性。

这里的"合法",表现为民事法律行为的内容和形式符合法律的要求或者不违背法律和社会公共利益。如果民事法律行为不合法,就有可能构成无效民事行为或者可变更、可撤销的民事行为或效力待定的民事行为。

第一百三十四条　民事法律行为的成立

民事法律行为可以基于双方或者多方的意思表示一致成立,也可以基于单方的意思表示成立。

法人、非法人组织依照法律或者章程规定的议事方式和表决程序作出决议的,该决议行为成立。

● 条文注释

民事法律行为在符合其成立要件时成立。民事法律行为成立是指民事法律行为在客观上已经存在。不符合民事法律行为成立要件的行为,视为民事法律行为不存在。

民事法律行为的成立要件是:(1)有设立、变更或终止民事法律关系的意思。即民事法律行为必须包含追求一定法律效果的意思,没有这种效果意思就不能成立民事法律行为。(2)意思表达完整。意思表达不完整的,不能成立民事法律行为。(3)将内心意思表达于外部。仅仅存在于内心的意思而未表达于外部的,不能成立民事法律行为。如果民事法律行为是要物行为和要式行为时,除上述要件外,还必须具备特别要件:要物行为还必须交付实物,要式行为还必须符合法定的形式要求。

第一百三十五条 民事法律行为的形式

民事法律行为可以采用书面形式、口头形式或者其他形式；法律、行政法规规定或者当事人约定采用特定形式的，应当采用特定形式。

● 条文注释

书面形式，是指以书面文字的方式进行的意思表示。分为一般书面形式和特殊书面形式。一般书面形式是指用一般性的文字记载形式进行的意思表示，特殊书面形式是指获得国家机关或者其他职能部门认可的形式进行的意思表示。电子数据、电报信件、传真等，都是特殊的书面形式。书面形式可以促使当事人在深思熟虑后实施法律行为，使权利义务关系明确化，并方便证据保存，主要适用于不能即时清结、数额较大的法律行为。

口头形式，是指以谈话的方式进行的意思表示。当面交谈、电话交谈、托人带口信、当众宣布自己的意思等，都是口头形式。口头形式具有简便、迅速的优点，但发生纠纷时举证较为困难。主要适用于即时清结或者标的数额较小的交易。

特定形式主要包括以下两种情形：（1）推定，是指以有目的、有意识的积极行为表示其意思的民事法律行为形式。例如，租期届满后，承租人继续缴纳租金而出租人予以接受的行为，即可推定当事人延长了租赁期限。（2）沉默，是指既无语言表示又无行为表示的消极行为。在法律有特别规定的情况下，视为当事人的沉默已经构成意思表示，法律行为因而成立。在通常情况下，沉默不能作为意思表示的方式。

● **相关规定**

《电子签名法》第 3 条；《劳动合同法》第 10 条；《最高人民法院关于适用〈中华人民共和国民法典〉总则编若干问题的解释》第 18 条

第一百三十六条　民事法律行为的生效

民事法律行为自成立时生效，但是法律另有规定或者当事人另有约定的除外。

行为人非依法律规定或者未经对方同意，不得擅自变更或者解除民事法律行为。

第二节　意思表示

第一百三十七条　有相对人的意思表示的生效时间

以对话方式作出的意思表示，相对人知道其内容时生效。

以非对话方式作出的意思表示，到达相对人时生效。以非对话方式作出的采用数据电文形式的意思表示，相对人指定特定系统接收数据电文的，该数据电文进入该特定系统时生效；未指定特定系统的，相对人知道或者应当知道该数据电文进入其系统时生效。当事人对采用数据电文形式的意思表示的生效时间另有约定的，按照其约定。

● **条文注释**

意思表示，是指民事主体向外部表明意欲发生一定的民法上法律效果的意思行为。"意思"，是指建立、变更、终止民事法律关系时的内心意图；"表示"，是指将内在的意思以适当的方式向适当的对象表

125

示出来的行为。意思表示在具备了表示行为和效果意思两个要素后生效。根据本条的规定，有相对人的意思表示，如果是以对话方式作出的，采知悉主义；而以非对话方式作出的，则采到达主义。当然，为了贯彻意思自治原则，本条在第二款最后一句还规定了可以依据当事人的约定而生效的规定。

● *相关规定*

《电子签名法》第 11 条

第一百三十八条 无相对人的意思表示的生效时间

无相对人的意思表示，表示完成时生效。法律另有规定的，依照其规定。

● *条文注释*

意思表示的生效规则依据有相对人的意思表示与无相对人的意思表示的区分而有所区别。有相对人的意思表示生效规则规定在上一条，本条规定的是无相对人的意思表示生效规则，即无相对人的意思表示，在意思表示完成时生效，如单方允诺、抛弃、遗嘱等。由于无相对人的意思表示没有意思表示的相对人，不存在表示发出和到达的问题，因此法律规定意思表示完成时，就发生法律效力。

本条还规定了无相对人意思表示生效时间一般规则的例外情形，即法律另有规定的，依照其规定。以遗嘱为例，遗嘱是无相对人的意思表示，遗嘱作出以后并不立即生效，而是在立此遗嘱的人死亡时才生效。

第一百三十九条 公告的意思表示的生效时间

以公告方式作出的意思表示，公告发布时生效。

第一百四十条　意思表示的方式

行为人可以明示或者默示作出意思表示。

沉默只有在有法律规定、当事人约定或者符合当事人之间的交易习惯时，才可以视为意思表示。

● 条文注释

意思表示方式包括明示方式、默示方式和特定沉默方式。

1. 明示方式，是指行为人以语言、文字或者其他直接表意方法，表示内在意思的表意形式。明示具有表意直接、明确的特点，不易产生纠纷，具有广泛的适用性。对于特别需要采用明示方式的法律行为，应当明确规定为明示方式方为有效，默示方式为无效。

2. 默示方式，是指行为人以使人推知的方式，间接表示其内在意思的表意形式。行为人以某种表明法律意图的行为间接表示其内在意思的默示，也称为行为默示或者推定行为。例如，在收费停车场停放车辆，乘坐公共汽车等行为，就是意思实现，是行为默示或者推定行为。

3. 特定沉默方式，是指行为人以不作为或者有特定意义的沉默，间接表示其内在意思的表意形式。只有在法律规定或者当事人有约定或者当事人之间有交易习惯的情况下，才能将特定沉默视为默示。例如，双方长期供货、受领、支付价款，没有书面合同和口头约定，只是交易习惯，就是沉默方式的应用。

第一百四十一条　意思表示的撤回

行为人可以撤回意思表示。撤回意思表示的通知应当在意思表示到达相对人前或者与意思表示同时到达相对人。

● *条文注释*

意思表示撤回，是指在意思表示人发出意思表示之后，在意思表示生效之前，或者在意思表示到达的同时到达时，宣告收回发出的意思表示，取消其效力的行为。

撤回意思表示的通知，应当在意思表示到达受意思表示人前或者同时到达受意思表示的相对人的，才发生将意思表示撤回的效果。意思表示撤回的通知不迟于受意思表示人收到意思表示的时间，才不至于使受意思表示人的利益受损。以语言对话形式表现的意思表示，由于当事人是当面进行订约的磋商，意思表示一经发出，受意思表示人即可收到，对话意思表示本身的性质决定了其是无法撤回的。

意思表示的撤回符合规定的，发生意思表示撤回的效力，视为没有发出意思表示，受意思表示人没有取得承诺资格。意思表示撤回的通知迟于意思表示到达受意思表示人的，不发生意思表示撤回的效力，意思表示仍然有效，受意思表示人取得承诺的资格。

第一百四十二条　意思表示的解释

有相对人的意思表示的解释，应当按照所使用的词句，结合相关条款、行为的性质和目的、习惯以及诚信原则，确定意思表示的含义。

无相对人的意思表示的解释，不能完全拘泥于所使用的词句，而应当结合相关条款、行为的性质和目的、习惯以及诚信原则，确定行为人的真实意思。

● *条文注释*

意思表示的解释，是指在意思表示不清楚、不明确而发生争议的情况下，法院或者仲裁机构对意思表示进行的解释。意思表示解释的

方法分为两种:

1. 对有相对人的意思表示的解释,应当按照所使用的词句,结合相关条款、行为的性质和目的、习惯以及诚实信用原则,确定意思表示的含义。这是采取表示主义方法进行解释,因为有相对人的意思表示,是要让相对人接收、理解,并且可能基于该意思表示作出相对应的意思表示,所以应该根据表达在外的公开内容确定意思表示。

2. 对无相对人的意思表示的解释,不能拘泥于所使用的词句,而应当结合相关条款、行为的性质和目的、习惯以及诚实信用原则,确定行为人的真实意思。这是采取意思主义方法进行解释,因为并没有接收意思表示的相对人,意思表示人作出的意思表示成立后就发生效力,所以不存在用表示主义解释意思表示的客观要求。

第三节　民事法律行为的效力

第一百四十三条　**民事法律行为的有效条件**

具备下列条件的民事法律行为有效:
(一) 行为人具有相应的民事行为能力;
(二) 意思表示真实;
(三) 不违反法律、行政法规的强制性规定,不违背公序良俗。

● 相关规定

《消费者权益保护法》第26条

第一百四十四条　**无民事行为能力人实施的民事法律行为**

无民事行为能力人实施的民事法律行为无效。

第一百四十五条 限制民事行为能力人实施的民事法律行为

限制民事行为能力人实施的纯获利益的民事法律行为或者与其年龄、智力、精神健康状况相适应的民事法律行为有效；实施的其他民事法律行为经法定代理人同意或者追认后有效。

相对人可以催告法定代理人自收到通知之日起三十日内予以追认。法定代理人未作表示的，视为拒绝追认。民事法律行为被追认前，善意相对人有撤销的权利。撤销应当以通知的方式作出。

● *条文注释*

限制民事行为能力人实施的两种行为有效：（1）纯获利益的民事法律行为；（2）与其年龄、智力、精神健康状况相适应的民事法律行为，其中与其年龄相适应，是指限制民事行为的未成年人；与其智力、精神状况相适应，是指限制民事行为能力的成年人。

限制民事行为能力人实施的其他民事法律行为，是效力待定的民事法律行为：该法律行为虽已成立，但是否生效尚不确定，只有经过特定当事人的行为，才能确定其生效或者不生效。限制民事行为能力人实施了依法不能独立实施的法律行为，需要经其法定代理人的追认才可能生效。其效力的确定须经由以下途径：

1. 法定代理人的同意和追认。经法定代理人同意的限制民事行为能力人实施的民事法律行为，发生法律效力；法定代理人虽然没有同意，但是在行为实施之后予以追认，该民事法律行为同样生效。

2. 相对人的催告。限制民事行为能力人实施的民事法律行为，其法定代理人没有同意，又没有追认的，相对人可以在 30 日内催告法定代理人予以追认。法定代理人未作表示的，视为拒绝追认，该民事法律行为无效。

3. 善意相对人的撤销。在该民事法律行为被追认前，善意相对人对该行为享有撤销的权利，撤销的方式应以通知的方式作出。善意相对人的撤销权是形成权，只要在该期限内行使，该民事法律行为就被撤销，自始不发生法律效力。

● *相关规定*

《最高人民法院关于适用〈中华人民共和国民典〉总则编若干问题的解释》第 29 条

第一百四十六条　虚假表示与隐藏行为效力

行为人与相对人以虚假的意思表示实施的民事法律行为无效。

以虚假的意思表示隐藏的民事法律行为的效力，依照有关法律规定处理。

● *相关规定*

《最高人民法院关于审理民间借贷案件适用法律若干问题的规定》第 10~13 条

第一百四十七条　重大误解

基于重大误解实施的民事法律行为，行为人有权请求人民法院或者仲裁机构予以撤销。

● *条文注释*

重大误解，是指一方当事人由于自己的过错，对法律行为的内容等发生误解，由此订立了法律行为，该法律行为所涉及的利益对当事人而言为重大。重大误解的构成要件是：（1）当事人因为误解而作出了意思表示；（2）重大误解的对象是民事法律行为的内容；（3）误解是由当事人自己的过失造成的。当事人由于重大误解而实施的民事法律行为，其法律后果是相对无效，发生重大误解的一方行为人，有权请求人民法院或者仲裁机构予以撤销。如果行为人不行使撤销权，不请求对该民事法律行为予以撤销，该重大误解的民事法律行为继续有效。

在"重大误解"的认定上，应当符合"解释先于撤销"的要求，即进行意思表示的解释，确定在有相对人的意思表示中，表意人表示出来的规范含义与其内心真实意思之间是否确实不一致。同时，这种错误应达到"重大"的程度，即任何一个通情达理的人在了解情况之后不会做出这样的意思表示，同时这种错误的程度也应当体现在后果上，即对表意人而言有较大的不利益。

另外需要注意的是，此处的撤销权为撤销诉权，亦即，行为人必须向人民法院或仲裁机构提起撤销之诉，而并不以向对方当事人作出撤销的意思表示为已足。

● *实用问答*

问：如何认定"重大误解"？

答：《最高人民法院关于适用〈中华人民共和国民法典〉总则编若干问题的解释》第十九条第一款规定，行为人对行为的性质、对方当事人或者标的物的品种、质量、规格、价格、数量等产生错误认识，按照通常理解如果不发生该错误认识行为人就不会作出相应意思表示的，人民法院可以认定为民法典第一百四十七条规定的重大误解。

● **相关规定**

《最高人民法院关于适用〈中华人民共和国民法典〉总则编若干问题的解释》第 19~20 条

第一百四十八条　欺诈

一方以欺诈手段，使对方在违背真实意思的情况下实施的民事法律行为，受欺诈方有权请求人民法院或者仲裁机构予以撤销。

● **条文注释**

一方欺诈的构成要件是：（1）欺诈的一方出于故意，或者是以欺诈为手段引诱对方当事人与其订立民事法律行为，或者是订立民事法律行为本身就是欺诈。（2）欺诈行为人在客观上实施了欺诈的行为，包括行为人故意捏造事实、虚构情况，故意隐瞒真实情况、不将真实情况告知对方当事人，使对方当事人上当受骗，与其订立民事法律行为。（3）受欺诈一方是在违背真实意思的情况下实施民事法律行为。另一方当事人受行为人的欺诈，而使自己陷入错误的认识之中，由此作出错误的意思表示，与行为人订立民事法律行为。

一方欺诈行为的法律后果是，受欺诈方有权请求人民法院或者仲裁机构予以撤销，即可撤销的民事法律行为。对此，受欺诈方享有撤销权，可以行使该撤销权，向人民法院或者仲裁机构请求撤销该意思表示。

● 典型案例

宠物店销售病猫案（上海法院弘扬社会主义核心价值观典型案例[①]之9）

2021年10月27日，刘女士花费1800元在上海某宠物店购买了一只小奶猫，当天她将猫咪送去体检，竟发现其患有疱疹等疾病，刘女士当即返回宠物店，要求更换。店员以没有同价位的猫咪为由，拒绝了她的要求。刘女士只能作罢，没过几天，猫咪病情更加严重，最终治疗无效，于11月1日死亡。

刘女士认为，宠物店出售明知患有疾病的宠物，且已有多名消费者上当受骗，属于恶意欺诈，要求退一赔三，宠物店则辩称，宠物都由消费者自行挑选，在出售时是健康状态，买回家后饲养不当，才导致了死亡，自己没有欺诈的故意。法院经审理后认为，原、被告双方签订了购买协议，系买卖合同关系，被告作为长期从事宠物售卖的企业，应保证其出售的宠物符合健康无疾病等要求，却未能提供检疫合格证、接种疫苗证明等材料，且消费者购买当日，幼猫即被查出疱疹病毒及支原体阳性，显然宠物店隐瞒了这一对交易产生影响的重大瑕疵，该行为构成欺诈，且结合病毒潜伏期等情况，宠物有较大可能在宠物店时已经患病，综合幼猫发病至死亡的时间、宠物店经营能力等多方面因素，可以推定宠物店具有实施欺诈的故意，因此对于宠物店"没有欺诈故意"的辩称，法院不予采纳。最终法院判决，宠物店退还刘女士购猫款1800元，并支付赔偿款5400元。

[①]《上海法院弘扬社会主义核心价值观典型案例》，载上海市高级人民法院网，https://www.hshfy.sh.cn/shfy/web/xxnr.jsp?pa=aaWQ9MTAyMDI4MzEyNiZ4aD0xJmxtZG09bG0xNzEPdcssz，最后访问时间：2023年8月29日。

● *相关规定*

《最高人民法院关于适用〈中华人民共和国民法典〉总则编若干问题的解释》第21条

第一百四十九条　第三人欺诈

第三人实施欺诈行为，使一方在违背真实意思的情况下实施的民事法律行为，对方知道或者应当知道该欺诈行为的，受欺诈方有权请求人民法院或者仲裁机构予以撤销。

● *条文注释*

本条规定的是第三人欺诈的民事法律行为。不言自明，立法意在实现受欺诈方的意思自由和无过错方的信赖利益之间的平衡。通常情况下，合同的一方当事人所受到的欺诈或胁迫来自合同的另一方，也就是合同的相对人。但在有些情况下，实施欺诈或胁迫的并非合同的相对人，而是合同相对人以外的第三人。在合同相对方知道或者应当知道第三人的欺诈行为的情况下，受欺诈方当然可以要求撤销合同。但当合同相对方为"善意"时，此时合同相对方对于合同履行的预期也应当受到法律保护。如果执意赋予受欺诈者以合同撤销权，那么合同相对方将因为一个并没有参与的且完全不知情的欺诈行为而陷入期待落空的不合理境地。与之相对，第三方的恶意欺诈可能构成对受欺诈方的侵权，受欺诈方可以通过侵权路径，弥补自己的损失。

● *相关规定*

《最高人民法院关于适用〈中华人民共和国民法典〉总则编若干问题的解释》第21条

第一百五十条 胁迫

一方或者第三人以胁迫手段,使对方在违背真实意思的情况下实施的民事法律行为,受胁迫方有权请求人民法院或者仲裁机构予以撤销。

● **条文注释**

胁迫是指行为人以将来发生的祸害或者实施不法行为,给另一方当事人以心理上的恐吓或者直接造成损害,迫使对方当事人与其实施民事法律行为。胁迫行为的构成要件是:(1)行为人有实施威胁的行为。在以恐吓为手段的胁迫行为中,行为人威胁的事实是将来发生的祸害,包括涉及生命、身体、健康、财产、名誉、自由等方面所要受到的严重损害。在以不法行为为手段的胁迫行为中,使相对人感受恐怖的行为人直接实施的不法行为已经或者正在对相对人产生人身的或者财产的损害。(2)行为人实施胁迫行为出于故意。胁迫的故意是通过威胁使相对人与其订立民事法律行为。(3)相对人因受到胁迫而实施订立民事法律行为的行为。相对人由于在心理上或者人身上受到威胁,因而不得不与行为人订立民事法律行为。

胁迫行为是可撤销的民事法律行为,受胁迫方对该民事法律行为享有撤销权,有权请求人民法院或者仲裁机构予以撤销。

● **实用问答**

问:如何认定本条所称的"胁迫"?

答:《最高人民法院关于适用〈中华人民共和国民法典〉总则编若干问题的解释》第二十二条规定,以给自然人及其近亲属等的人身权利、财产权利以及其他合法权益造成损害或者以给法人、非法人组织的名誉、荣誉、财产权益等造成损害为要挟,迫使其基于恐惧心理作出意思表示的，人民法院可以认定为民法典第一百五十条规定的胁迫。

● **相关规定**

《最高人民法院关于适用〈中华人民共和国民法典〉总则编若干问题的解释》第 22 条

第一百五十一条　乘人之危导致的显失公平

一方利用对方处于危困状态、缺乏判断能力等情形，致使民事法律行为成立时显失公平的，受损害方有权请求人民法院或者仲裁机构予以撤销。

● **条文注释**

显失公平，是指一方当事人利用对方处于困境，或者缺乏判断能力等情况下，与对方当事人实施的对自己明显有重大利益而对对方明显不利的民事法律行为。显失公平的构成要件是：（1）利用对方当事人处于困境或者缺乏经验等。困境包括经济、生命、健康、名誉等方面的窘迫或急需，情况比较紧急，迫切需要金钱、物资、服务或劳务。对方当事人缺乏经验，是承担不利后果的一方当事人在其自身有轻率、无经验等不利的因素，对行为的内容认识不准确。（2）对方当事人因困境或者缺乏经验而与其订立民事法律行为。（3）行为人所获得的利益超出了法律所准许的限度，其结果是显失公平的。

显失公平中的受损害方有权请求人民法院或者仲裁机构予以撤销。受到损害的一方基于显失公平的民事法律行为，有权向人民法院或者仲裁机构请求行使撤销权，撤销显失公平的民事法律行为。

第一百五十二条　撤销权的消灭期间

有下列情形之一的，撤销权消灭：

（一）当事人自知道或者应当知道撤销事由之日起一年内、重大误解的当事人自知道或者应当知道撤销事由之日起九十日内没有行使撤销权；

（二）当事人受胁迫，自胁迫行为终止之日起一年内没有行使撤销权；

（三）当事人知道撤销事由后明确表示或者以自己的行为表明放弃撤销权。

当事人自民事法律行为发生之日起五年内没有行使撤销权的，撤销权消灭。

● *条文注释*

本条针对欺诈、重大误解和胁迫等规定了不同的除斥期间。具体而言，重大误解的当事人应当自知道或者应当知道撤销事由之日起90日内行使撤销权；受胁迫的当事人应当自胁迫行为终止之日起1年内行使撤销权；其他情况下当事人应当自知道或者应当知道撤销事由之日起1年内行使撤销权。

在重大误解的情况下，相对人可能是无过错的，此时允许重大误解当事人撤销合同已经构成了对相对人信赖利益的侵害。考虑到相对人的这种利益状态，有必要缩短权利人的权利行使期间。权利人也应当积极行使权利，避免法律关系长期处于不稳定状态。因此，法律规定，重大误解的当事人应当自知道或者应当知道撤销事由之日起90日内行使撤销权。

权利人遭受胁迫时，受胁迫方应当在"胁迫行为终止之日"起1

年内行使权利，否则撤销权将被排除。需要注意的是，"胁迫行为终止之日"并非依据客观状况进行判断。欺诈、胁迫、重大误解等制度重在对当事人主观意志自由的维护，因此胁迫行为终止之日也应当依据被胁迫方的主观感受进行确定。亦即，被胁迫方是否仍然感受到自己被胁迫。只有当被胁迫方认为已经不再受到将来的不利的威胁时，才能认定"胁迫行为终止"。

除重大误解和胁迫外，权利人应当在知道或应当知道撤销事由之日起1年内行使撤销权。但是源于制度之间的内在关联性，如在欺诈的情况下也可能构成重大误解，就可能出现请求权竞合的情况。此时，除斥期间的计算应当分别为之，互不干扰。如果同时存在多个权利人，那么每一个权利人的撤销权除斥期间也应当分别计算。

本条同时规定了为期5年的绝对时效。亦即，撤销权在5年内不被行使将终局地消灭。绝对时效不存在中止或中断，体现了法律对于法律关系稳定性的追求。此外，对于时效经过的举证责任应当由撤销权相对人承担。这是"谁主张，谁举证"原则的当然之理。亦即，撤销权相对人需要对除斥期间的经过承担举证责任。

第一百五十三条　违反强制性规定及违背公序良俗的民事法律行为的效力

违反法律、行政法规的强制性规定的民事法律行为无效。但是，该强制性规定不导致该民事法律行为无效的除外。

违背公序良俗的民事法律行为无效。

第一百五十四条　恶意串通

行为人与相对人恶意串通，损害他人合法权益的民事法律行为无效。

● **条文注释**

恶意串通，是当事人为实现某种目的，进行串通，共同订立民事法律行为，造成国家、集体或者第三人利益损害的违法行为。恶意串通的构成要件是：（1）当事人在主观上具有恶意，当事人相互之间具有共同的非法目的。（2）当事人之间互相串通。串通是指相互勾结，使当事人之间在行为的动机、目的、行为以及行为的结果上达成一致，共同实现非法目的。（3）双方当事人串通实施的行为损害他人的合法权益。恶意串通的民事法律行为是绝对无效的民事法律行为，发生民事法律行为无效的法律后果。

● **典型案例**

上海欧宝生物科技有限公司诉辽宁特莱维置业发展有限公司企业借贷纠纷案（最高人民法院指导案例 68 号）

人民法院审理民事案件中发现存在虚假诉讼可能时，应当依职权调取相关证据，详细询问当事人，全面严格审查诉讼请求与相关证据之间是否存在矛盾以及当事人诉讼中言行是否违背常理。经综合审查判断，当事人存在虚构事实、恶意串通、规避法律或国家政策以谋取非法利益，进行虚假民事诉讼情形的，应当依法予以制裁。

本案中，欧宝公司与特莱维公司提起本案诉讼是否存在恶意串通损害他人合法权益的问题。首先，无论是欧宝公司，还是特莱维公司，对特莱维公司与一审申诉人谢涛及其他债权人的债权债务关系是明知的。从案涉判决执行的过程看，欧宝公司申请执行之后，对查封的房产不同意法院拍卖，而是继续允许该公司销售，特莱维公司每销售一套，欧宝公司即申请法院解封一套。在接受法院当庭询问时，欧宝公司对特莱维公司销售了多少查封房产，偿还了多少债务陈述不清，表明其提起本案诉讼并非为了实现债权，而是通过司法程序进行保护性查封以阻止其他债权人对特莱维公司财产的受偿。虚构债权，恶意串通，损害他人合法权益的目的明显。其次，从欧宝公司与特莱维公司人员混同、银行账户同为王作新控制的事实可知，两公司同属一人，均已失去公司法人所具有的独立人格。一审申诉人谢涛认为欧宝公司与特莱维公司之间恶意串通提起虚假诉讼损害其合法权益的意见，以及对有关当事人和相关责任人进行制裁的请求，于法有据，应予支持。

第一百五十五条　无效或者被撤销民事法律行为自始无效

无效的或者被撤销的民事法律行为自始没有法律约束力。

第一百五十六条　民事法律行为部分无效

民事法律行为部分无效，不影响其他部分效力的，其他部分仍然有效。

● **条文注释**

民事行为部分无效，是指民事行为内容的一部分不具备民事法律行为的有效条件而无效，但其他部分仍然有效的民事行为的效力状态。

所谓部分无效不影响其他部分效力的民事行为，主要有下述情形：

（1）民事行为内容的数量超过法律许可的范围，超过的部分无效。例如，根据本法第五百八十六条第二款的规定，定金不得超过主合同标的额的20%，超过部分不产生定金的效力。

（2）民事行为的标的有数项时，其中一项或数项无效。例如，抵押合同的标的物有数个，其中之一为法律禁止抵押的物，则该项抵押部分无效，其他部分仍有效。

（3）民事行为的非主要条款因违反法律禁止性规定或公序良俗而无效。例如，本法第五百零六条规定："合同中的下列免责条款无效：（一）造成对方人身损害的；（二）因故意或者重大过失造成对方财产损失的。"此部分条款的无效不影响合同其他合法有效的条款的效力。

● *相关规定*

《民法典》第 506 条；《劳动合同法》第 27 条

第一百五十七条 民事法律行为无效、被撤销、不生效力的法律后果

> 民事法律行为无效、被撤销或者确定不发生效力后，行为人因该行为取得的财产，应当予以返还；不能返还或者没有必要返还的，应当折价补偿。有过错的一方应当赔偿对方由此所受到的损失；各方都有过错的，应当各自承担相应的责任。法律另有规定的，依照其规定。

● *条文注释*

民事法律行为无效、被撤销或者确定不发生法律效力后，其法律后果是返还或者折价补偿。返还是恢复原状的一种处理方式，即无效的民事法律行为和被撤销的民事法律行为自始没有法律约束力，已经按照约定进行的履行因无法律效力而需要恢复到没有履行前的状况，已接受履行的一方将其所接受的履行返还给对方，是恢复原状最基本的方式。

不是所有的已经履行的无效民事法律行为都能够或者需要采取返还方式。有些法律行为的性质决定了无法采取返还方式，如提供劳务

的无效民事法律行为、提供工作成果的民事法律行为。有些民事法律行为适用返还不经济，如返还需要的费用较高，强制返还带来经济上的极大浪费。因此，不能返还或者没有必要返还的，应当折价补偿。

无效民事法律行为和民事法律行为被撤销后造成损失的，有过错的一方应当赔偿对方因此所受到的损失，赔偿的标准是全部赔偿。如果是双方都有过错的，应当各自承担相应的赔偿责任。

第四节　民事法律行为的附条件和附期限

第一百五十八条　**附条件的民事法律行为**

民事法律行为可以附条件，但是根据其性质不得附条件的除外。附生效条件的民事法律行为，自条件成就时生效。附解除条件的民事法律行为，自条件成就时失效。

● 条文注释

附条件的民事法律行为，是指法律行为效力的开始或者终止，以将来不确定事实的发生或不发生为条件的民事法律行为。法律规定民事法律行为可以附条件，目的是以所附的条件来确定或者限制法律行为的效力。条件是表意人附加于意思表示的一种任意限制，使其意思表示的效力靠着将来客观不确定的事实的是否成就来决定。

根据条件与法律行为效力之间的关系，条件可以分为：（1）生效条件，即延缓条件，是指民事法律行为效力的发生决定于所附条件的成就；（2）解除条件，是指民事法律行为中所确定的民事权利和民事义务应当在所附条件成就时失去法律效力的条件，是决定民事法律行为的法律效力是否终止的条件。民事法律行为所附条件，可以是事件，也可以是行为。

附条件的民事法律行为的后果是：（1）附生效条件的民事法律行为，自条件成就时生效；（2）附解除条件的民事法律行为，自条件成就时失效。

● *实用问答*

问：民事法律行为所附条件如果根本不可能发生，应如何处理？

答：《最高人民法院关于适用〈中华人民共和国民法典〉总则编若干问题的解释》第二十四条规定，民事法律行为所附条件不可能发生，当事人约定为生效条件的，人民法院应当认定民事法律行为不发生效力；当事人约定为解除条件的，应当认定未附条件，民事法律行为是否失效，依照民法典和相关法律、行政法规的规定认定。

● *相关规定*

《保险法》第13条；《票据法》第33条；《最高人民法院关于适用〈中华人民共和国民法典〉总则编若干问题的解释》第24条

第一百五十九条　条件成就或不成就的拟制

附条件的民事法律行为，当事人为自己的利益不正当地阻止条件成就的，视为条件已经成就；不正当地促成条件成就的，视为条件不成就。

第一百六十条　附期限的民事法律行为

民事法律行为可以附期限，但是根据其性质不得附期限的除外。附生效期限的民事法律行为，自期限届至时生效。附终止期限的民事法律行为，自期限届满时失效。

● 条文注释

　　法律行为的当事人限定法律行为在什么时候发生效力或失去效力，这种限定的时间就是期限。所附期限可以分为：（1）延缓期限，也称为始期，是指在法律行为中规定的期限到来之前，该法律行为所确定的民事权利和民事义务尚不能发生法律效力，要等待期限的到来；期限到来，法律行为所约定的民事权利和民事义务就开始发生法律效力，权利人开始有权请求义务人履行义务，义务人才开始承担履行义务的责任。（2）终止期限，又称为终期或解除期限，是指在民事法律行为中约定的期限到来时，该法律行为所约定的民事权利和民事义务的法律效力即行消灭的期限。该法律行为所约定的这样的效力一直在延续，直至法律行为所约定的期限到来，法律行为的效力才终止。

第七章　代　　理

第一节　一　般　规　定

第一百六十一条　**代理的适用范围**

　　民事主体可以通过代理人实施民事法律行为。

　　依照法律规定、当事人约定或者民事法律行为的性质，应当由本人亲自实施的民事法律行为，不得代理。

● 条文注释

　　代理，是指代理人以被代理人（又称本人）的名义，在代理权限内与第三人（又称相对人）实施民事行为，其法律后果直接由被代理

145

人承受的民事法律制度。代理的法律特征可概括为四个方面：(1) 代理行为是民事法律行为，以意思表示为核心；(2) 代理人须以被代理人的名义为民事法律行为；(3) 代理人是在代理权限内独立地向第三人为意思表示，代理人在代理关系中具有独立的地位；(4) 代理人所为的民事法律行为的法律效果归属于被代理人。

代理由被代理人与代理人之间的内部关系及被代理人与第三人、代理人与第三人之间的外部关系构成，其中内部关系是核心关系，而内部关系的基础是代理权。代理制度的核心内容就是代理权。代理人行使代理权时应遵循的准则是：(1) 行使代理权须符合被代理人的利益；(2) 行使代理权须符合职责要求。

代理的标的须为民事法律行为，但民事法律行为中的身份行为，因其有专属性，不得代理，如结婚、离婚、收养等身份行为，不得代理。

● **相关规定**

《保险法》第 117 条

第一百六十二条 代理的效力

代理人在代理权限内，以被代理人名义实施的民事法律行为，对被代理人发生效力。

● **条文注释**

代理人在代理权限内，以被代理人名义实施民事法律行为，对被代理人发生的效力包括：(1) 代理行为的一般法律后果。即代理的法律后果直接归属于被代理人，而不是代理人承受。(2) 代理行为的撤销权或者解除权的效果。凡是在代理行为中因意思表示瑕疵而产生撤销权的，撤销权属于被代理人而不是代理人。同样，如果代理行为订立的合同具有解除事由，该解除权也归属于被代理人享有，而不是归属于代理人。

第一百六十三条　代理的类型

代理包括委托代理和法定代理。

委托代理人按照被代理人的委托行使代理权。法定代理人依照法律的规定行使代理权。

● 条文注释

委托代理，是指基于被代理人的委托授权而发生代理权的代理。在委托代理中，委托授权行为是基于被代理人的意志进行的，本人的意思是发生委托代理的前提条件。

法定代理，是指依据法律规定而产生代理权的代理。在某些情况下，自然人无法参与或只能有限制地参与个人事务，但是该种个人事务又必须进行，否则将会损害其合法权益，因此设定法定代理制度，使法定代理直接产生于法律的规定，无须依赖于任何授权行为。法定代理是一种保护被代理人的法律制度，具有保护被代理人民事权益的功能。

无论是委托代理还是法定代理，行使代理权的基本要求都包括：（1）代理人必须为被代理人的利益实施代理行为；（2）代理人必须亲自代理，代理人必须亲自实施代理行为；（3）代理人必须在代理权限范围内行使代理权；（4）代理人必须谨慎、勤勉、忠实地行使代理权。

第一百六十四条 不当代理的民事责任

代理人不履行或者不完全履行职责,造成被代理人损害的,应当承担民事责任。

代理人和相对人恶意串通,损害被代理人合法权益的,代理人和相对人应当承担连带责任。

● 条文注释

未善尽代理职责的责任,是代理人因懈怠行为,即不履行勤勉义务、疏于处理或者未处理代理事务,使被代理人设定代理的目的落空、蒙受损失的赔偿责任。代理人根据被代理人的授权实施代理行为,应当负有善良管理人注意的勤勉义务,认真处理代理事务。未尽上述义务,就是懈怠行为。法律禁止代理人的懈怠行为,被代理人因此遭受的损失可以要求代理人赔偿。赔偿责任的范围,按照实际损失的范围确定。

代理人与第三人恶意串通损害被代理人合法权益的连带责任,是指在代理人履行代理职责期间,代理人利用代理权,与第三人恶意串通,实施侵害被代理人合法权益的行为,代理人与第三人应当承担连带损害赔偿责任。这种行为发生在代理人与第三人之间,具有损害被代理人合法权益的共同故意,利用代理权实施损害被代理人合法权益的行为,并且造成了被代理人的人身或者财产权益的损害,行为和损害之间具有因果关系。这种责任的性质属于共同侵权行为,其行为后果是承担连带责任。被代理人可以请求代理人或者第三人单独承担责任,也可以要求代理人和第三人共同承担连带责任,代理人和第三人承担的最终责任份额应当依照各自的过错程度和损害的原因来确定。

第二节 委托代理

第一百六十五条 授权委托书

委托代理授权采用书面形式的，授权委托书应当载明代理人的姓名或者名称、代理事项、权限和期限，并由被代理人签名或者盖章。

● *条文注释*

授权委托书是由被代理人制作的证明代理人有代理权及其权限范围的书面凭证。授权委托书只存在于委托代理中，在法定代理和指定代理中则不存在。授权委托书包括代理人的姓名或名称、代理事项、代理权的权限范围、代理权的有效期限、被代理人的签名、盖章等内容。在日常生活中，介绍信也被当作授权委托书使用，司法实践承认其效力。

授权委托书中应载明授权权限，不能笼统地写上"全权代理""部分代理""一般代理""特定代理""法律上的帮助"等条款，必须具体写明权限范围。因授权委托书授权不明而对第三人造成损害的，被代理人向第三人承担民事责任，代理人负连带责任。

第一百六十六条 共同代理

数人为同一代理事项的代理人的，应当共同行使代理权，但是当事人另有约定的除外。

● *相关规定*

《信托法》第31条

第一百六十七条 违法代理的责任承担

代理人知道或者应当知道代理事项违法仍然实施代理行为,或者被代理人知道或者应当知道代理人的代理行为违法未作反对表示的,被代理人和代理人应当承担连带责任。

● 条文注释

代理人知道或者应当知道代理的事项违法,是指被代理人授权的代理事项本身就是违法的,代理人知道或者应当知道被代理人授权自己代理的事项违法,未作反对表示,仍然实施该代理行为,造成了相对人的损害。违法的代理行为是由代理人实施的,违法的代理是由被代理人授权的。因此,造成相对人损害的后果,应当由代理人和被代理人共同承担连带责任。

被代理人知道或者应当知道代理人的代理行为违法,是指代理人实施的代理行为是违法的,而被代理人委托的代理事项并不违法,被代理人知道或者应当知道代理人实施的代理行为违法而未作反对表示,造成了相对人受损的行为。尽管被代理人授权的代理事项并不违法,而是代理人实施的代理行为违法,由于被代理人知道或者应当知道代理人实施的行为违法未表示反对,因而对于造成相对人损害的后果,应当由代理人和被代理人共同承担连带责任。

构成代理违法的连带责任,受到损害的权利人有权依照本条规定,请求代理人或者被代理人一方或者双方承担连带赔偿责任。

第一百六十八条 禁止自己代理和双方代理

代理人不得以被代理人的名义与自己实施民事法律行为,但是被代理人同意或者追认的除外。

> 代理人不得以被代理人的名义与自己同时代理的其他人实施民事法律行为，但是被代理的双方同意或者追认的除外。

● *条文注释*

为了维护被代理人的利益，实行禁止代理权滥用规则，即法律规定或者委托合同约定的代理人不得滥用其代理权，实施损害被代理人权益的代理行为的规则。自己代理和双方代理都是滥用代理权的表现形式。

自己代理，是指代理人在代理权限内，以被代理人的名义与自己实施法律行为。代理人同时作为代理人与自己作为当事人，交易双方的意思表示实际上是由一个人作出，交易行为是由一个人实施的，存在代理人为自己的利益而牺牲被代理人利益的极大危险，除非事前得到被代理人的同意或者事后得到追认，法律不承认自己代理的效力。自己代理分为两种情况：（1）代理人以自己的名义向被代理人发出要约且代理人以被代理人的名义予以承诺；（2）代理人以被代理人的名义向自己发出要约且以自己的名义进行承诺。特例是，如果被代理人同意或者追认的，自己代理是经被代理人认可的，则不妨碍其代理行为的效力。

双方代理，也称为同时代理，是指一个代理人同时代理双方当事人实施法律行为，也就是同时代理双方当事人的本人和相对人实施同一法律行为。同一个人代表两方当事人的利益，无法实现讨价还价的过程，两种利益难以达到平衡。因此，除非事前得到双方被代理人的同意或者事后的追认，否则法律不承认双方代理的效力。

第一百六十九条　复代理

代理人需要转委托第三人代理的，应当取得被代理人的同意或者追认。

转委托代理经被代理人同意或者追认的，被代理人可以就代理事务直接指示转委托的第三人，代理人仅就第三人的选任以及对第三人的指示承担责任。

转委托代理未经被代理人同意或者追认的，代理人应当对转委托的第三人的行为承担责任；但是，在紧急情况下代理人为了维护被代理人的利益需要转委托第三人代理的除外。

● *条文注释*

转委托也叫复代理，与本代理相对应，是指代理人为实施代理权限内的全部或者部分行为，以自己的名义选定他人担任自己的被代理人的代理人，并由该他人代理被代理人实施法律行为的情形。被选定的该他人叫作复代理人（或者再代理人），其代理的法律效果直接归属于被代理人。代理人为被代理人另行委任代理人的权限，称为复任权，属于代理权的内容。

由于被代理人与代理人之间存在人身信赖关系，代理人因此负有亲自执行代理事务，不得转委托他人处理代理事务的义务。在以下两种情形，可以设定复代理：（1）紧急情况。在紧急情况下，代理人不能亲自处理代理事务，如此下去又会损害被代理人的利益时，法律允许进行复代理。紧急情况是指代理人身患急病、与被代理人通信联络中断等特殊原因，代理人不能办理代理事项，又不能与被代理人及时取得联系，如果不及时转托他人代理，就会给被代理人的利益造成损失或者扩大损失的情况。（2）被代理人事先同意或者事后认可。如果被代理人事先同意或者事后认可复代理，法律也允许复代理。

● *实用问答*

问：本条第三款所称的"紧急情况"，如何认定？

答：根据《最高人民法院关于适用〈中华人民共和国民法典〉总则编若干问题的解释》第二十六条的规定，由于急病、通讯联络中断等特殊原因，委托代理人自己不能办理代理事项，又不能与被代理人及时取得联系，如不及时转委托第三人代理，会给被代理人的利益造成损失或者扩大损失的，人民法院应当认定为民法典第一百六十九条规定的紧急情况。

● *相关规定*

《最高人民法院关于适用〈中华人民共和国民法典〉总则编若干问题的解释》第26条

第一百七十条　职务代理

执行法人或者非法人组织工作任务的人员，就其职权范围内的事项，以法人或者非法人组织的名义实施的民事法律行为，对法人或者非法人组织发生效力。

法人或者非法人组织对执行其工作任务的人员职权范围的限制，不得对抗善意相对人。

● *条文注释*

职务代理，是指根据代理人所担任的职务而产生的代理。尽管职务代理也是由法人或者非法人组织的委托而产生的代理权，但是这种委托与委托代理的委托不同，它是基于代理人在法人和非法人组织中的职务，经由法人和非法人组织的授权而产生代理权。职务代理的代理人，是执行法人或者非法人组织工作任务的人员。不具有这样的身份，就不能构成职务代理。职务代理的代理人执行的事务是其职权范围的事项。职务代理的代理人在自己职权范围内实施的行为，都是法人或者非法人组织的行为。职务代理的代理人执行职务实施的民事法律行为，应当以法人或者非法人组织的名义实施。职务代理人在其职责范围内实施的民事法律行为，性质属于代理行为，因此其自己代理的一切事项，都对法人或者非法人组织发生法律效力，由职务代理人所在的法人或者非法人组织承受。

法人或者非法人组织的工作人员在执行职务代理行为时，超出了职权范围，构成越权代理的，法人或者非法人组织可以主张其工作人员的越权代理实施的民事法律行为无效。但是，对法人或者非法人组织的工作人员超越职权范围的代理行为无效的请求，不得对抗善意相对人，只要其在与职务代理行为的代理人实施民事法律行为时，自己不知道或者不应当知道工作人员的职务代理行为越权，且自身无过失，就可以主张确认该民事法律行为有效。

第一百七十一条　无权代理

行为人没有代理权、超越代理权或者代理权终止后，仍然实施代理行为，未经被代理人追认的，对被代理人不发生效力。

相对人可以催告被代理人自收到通知之日起三十日内予以追认。被代理人未作表示的，视为拒绝追认。行为人实施的行为被追认前，善意相对人有撤销的权利。撤销应当以通知的方式作出。

行为人实施的行为未被追认的，善意相对人有权请求行为人履行债务或者就其受到的损害请求行为人赔偿。但是，赔偿的范围不得超过被代理人追认时相对人所能获得的利益。

相对人知道或者应当知道行为人无权代理的，相对人和行为人按照各自的过错承担责任。

● 条文注释

无权代理，是指行为人不具有代理权而以他人名义实施的法律行为。无权代理有狭义和广义之分：狭义的无权代理是指行为人既没有代理权，也没有令第三人相信其有代理权的事实或理由，而以本人名义所为的代理。广义的无权代理还包括表见代理，即第三人有理由相信行为人有代理权，此种情况下虽属无权代理，但仍然发生有权代理的法律效果。无权代理可划分为三种不同的类型。

1. 未经授权的无权代理。包括未经委托授权而以他人名义进行代理活动，以及法定代理人以外的人以无民事行为能力人、限制民事行为能力人的名义进行活动等情况。实践中，常见的如盗用单位介绍信、空白合同书订立合同。

2. 超越代理权限的无权代理。即代理人有被代理人的授权，但其实施的代理行为超越了授权范围，超越代理权限的部分，为无权代理。如果代理权限未经公示，第三人也不得而知，则构成表见代理，发生有权代理的法律效果。

3. 代理权终止后的无权代理。此种类型又具体分为如下两种情况：一是代理人不知其代理权消灭而继续进行代理活动。这种情形代理人属于善意行为，根据具体情况确定是由被代理人承担还是由代理人承担其后果。二是代理人明知其代理权消灭而继续进行代理活动。

这种情形代理人属于恶意行为，按无权代理法律后果处理。

● *实用问答*

问：如何确定被代理人追认意思表示的生效时间？

答：《最高人民法院关于适用〈中华人民共和国民法典〉总则编若干问题的解释》第二十九条规定，法定代理人、被代理人依据民法典第一百四十五条、第一百七十一条的规定向相对人作出追认的意思表示的，人民法院应当依据民法典第一百三十七条的规定确认其追认意思表示的生效时间。

● *相关规定*

《最高人民法院关于适用〈中华人民共和国民法典〉总则编若干问题的解释》第27条、第29条

第一百七十二条　表见代理

行为人没有代理权、超越代理权或者代理权终止后，仍然实施代理行为，相对人有理由相信行为人有代理权的，代理行为有效。

● *条文注释*

表见代理，是指被代理人的行为足以使第三人相信无权代理人具有代理权，并基于这种信赖而与无权代理人实施法律行为的代理。表见代理就是表现为有权代理的无权代理。其构成要件是：（1）代理人没有代理权；（2）客观上存在使相对人相信行为人具有代理权的理由；（3）相对人与无权代理人成立法律行为；（4）相对人对此为善意且无过失。

● **实用问答**

问：如何认定本条所称的"相对人有理由相信行为人有代理权"？

答：《最高人民法院关于适用〈中华人民共和国民法典〉总则编若干问题的解释》第二十八条第一款规定，同时符合下列条件的，人民法院可以认定为民法典第一百七十二条规定的相对人有理由相信行为人有代理权：（一）存在代理权的外观；（二）相对人不知道行为人行为时没有代理权，且无过失。

● **相关规定**

《最高人民法院关于审理海上货运代理纠纷案件若干问题的规定》第6条；《最高人民法院关于适用〈中华人民共和国民法典〉总则编若干问题的解释》第28条

第三节　代 理 终 止

第一百七十三条　委托代理的终止

有下列情形之一的，委托代理终止：
（一）代理期限届满或者代理事务完成；
（二）被代理人取消委托或者代理人辞去委托；
（三）代理人丧失民事行为能力；
（四）代理人或者被代理人死亡；
（五）作为代理人或者被代理人的法人、非法人组织终止。

● **条文注释**

委托代理的终止主要有五种情形。

1. 代理期限届满或者代理事务完成。代理合同或授权委托书中一般都有载明代理期限的条款，一旦期限届满，代理权即丧失，代理关系便告终止。

2. 被代理人取消委托或者代理人辞去委托。委托代理的基础是双方当事人的相互信任，如果发生了致使信任丧失的事由，被代理人或代理人都有权终止代理。若代理人不能勤勉尽责，泄露秘密，与第三人恶意串通等，则被代理人可以取消委托。取消委托是单方法律行为，无须征得代理人的同意即可发生效力，但如果代理合同中规定了代理期限，则代理人可以提出抗辩，要求委托人赔偿相应的损失；同样地，若委托人无故少付或迟延支付报酬或佣金，不能应代理人的要求提供必需的资料或材料，不能及时按代理人与第三人签订的合同供应货物或支付货款，拒绝对代理人垫付的财物给予合理的补偿，代理人失去了对委托人的信任，也可以通知委托人辞去委托，不再担任其代理人。辞去委托也属于单方法律行为，无须征得委托人的同意。取消委托和辞去委托的法律效果自意思表示到达对方时生效。

3. 代理人丧失民事行为能力。代理人实施的行为为民事法律行为，故代理人必须具备民事行为能力，才能使其实施的法律行为有效。若代理人丧失民事行为能力，则其丧失以自己的名义进行民事法律行为的资格，代理关系即告终止。

4. 代理人或者被代理人死亡。委托代理基于信任而具有人身权的性质，它与代理人和被代理人的人身是不可分离的，既不能继承，也不能转让。因此，作为代理人的自然人一旦死亡，代理权随即终止，代理关系也就相应地终止。

5. 作为代理人或者被代理人的法人、非法人组织终止。法人、非法人组织终止，同自然人死亡一样，法人、非法人的权利能力和行为能力随之消灭，其作为委托人或者代理人的资格也随之消灭。因此，当委托关系中的任何一方当事人为法人或非法人组织时，其法人、非法人组织的终止就意味着代理关系的终止，代理权也随之消灭。

第一百七十四条　委托代理终止的例外

被代理人死亡后，有下列情形之一的，委托代理人实施的代理行为有效：

（一）代理人不知道且不应当知道被代理人死亡；

（二）被代理人的继承人予以承认；

（三）授权中明确代理权在代理事务完成时终止；

（四）被代理人死亡前已经实施，为了被代理人的继承人的利益继续代理。

作为被代理人的法人、非法人组织终止的，参照适用前款规定。

第一百七十五条　法定代理的终止

有下列情形之一的，法定代理终止：

（一）被代理人取得或者恢复完全民事行为能力；

（二）代理人丧失民事行为能力；

（三）代理人或者被代理人死亡；

（四）法律规定的其他情形。

第八章 民事责任

第一百七十六条 **民事责任**

民事主体依照法律规定或者按照当事人约定,履行民事义务,承担民事责任。

● *条文注释*

本条是关于民事责任承担的一般规定。民事责任是民法上的一种旨在保护民事合法权益并在其受到不法侵害时的一种法律效果。我国民事立法没有采取责任与债相结合的模式,而是创立了责任与债相分离的模式。在这种模式下,民事责任是违反民事义务的法律后果,属于民法整体性问题,而不再是债的组成部分。所以,我国民事责任不局限于债的范畴,各种法律关系中都存在义务,而违反这种义务,就是责任的问题。

本条作为一般规定,确立了民事主体承担民事责任的一般根据。我国民事主体本身具有民事责任能力,且其决定民事主体应当承担责任,但其责任承担的发生应有根据。这些根据体现为两种情形,即或为依照法律规定,或为根据当事人约定,通常体现为违反相关规定或约定的义务的法律后果,因此又可区分为法定的民事责任和约定的民事责任两种类型。

第一百七十七条 **按份责任**

二人以上依法承担按份责任,能够确定责任大小的,各自承担相应的责任;难以确定责任大小的,平均承担责任。

● **条文注释**

　　按份责任的成立，应当具备如下要件：一是承担责任一方为两人以上的多数人；二是给付基于同一原因发生，即承担责任的多数主体因同一法律行为而发生债务关系，特殊情况下，因债的部分转移也可以成立按份责任之债；三是所承担的责任即债的标的必须具有可分性，多数人一方的责任主体所为的给付或者标的物是可分的，给付在性质上如果不可分或者依照当事人的约定不可分的，不能成立按份责任。在份额的确定上，对于大部分案件来说，通过对各个侵害行为对损害后果的盖然性判断是能够确定责任大小，进而确定责任份额的。但在特殊场合下，就需要结合各个责任主体的过错程度、认知程度、公平原则、政策考量等因素来判断责任大小，在构成损害结果的多重原因中，每个原因对于损害结果发生或者扩大所发挥的作用是不同的，通过分析这种差异，来确定责任份额。对于案情复杂的案件，责任分配如果很难有一个可以确定化的标准，很难分清每个责任主体的行为对损害后果的作用力究竟有多大，即可认为属于难以确定责任大小之情况，由责任主体平均承担责任。

● **相关规定**

　　《民法典》第 1172 条

第一百七十八条　连带责任

　　二人以上依法承担连带责任的，权利人有权请求部分或者全部连带责任人承担责任。

　　连带责任人的责任份额根据各自责任大小确定；难以确定责任大小的，平均承担责任。实际承担责任超过自己责任份额的连带责任人，有权向其他连带责任人追偿。

> 连带责任，由法律规定或者当事人约定。

● *条文注释*

本条是关于连带责任的规定。连带责任是指依照法律规定和当事人约定，多数责任主体中任意一人或多人对权利人负全部给付义务，若连带责任人超出其责任份额承担责任，有权向未承担责任的责任人追偿。与按份责任相比，连带责任更为严厉，具有加重责任人责任的属性。在合同法上，对于债权人而言，连带责任是最为有保障的多数债务人的责任承担形式，只要债务人其中一人有清偿能力，债权就可以获得满足，而且债权人还可以选择最具偿付能力的债务人。对于债务人而言，连带责任的风险则比较大，任何债务人都有可能被债权人请求承担全部债务责任，而不是仅就其所应承担的部分承担责任，一个债务人要为其他债务人的不能给付承担风险。

连带责任成立须具备以下几个条件：（1）责任主体须为二人以上多数；（2）须为同一标的，只要多数责任主体之间的权利义务份额在履行义务之前是不确定的，并且也是不能确定的，即可成立连带责任；（3）须当事人之间的债务具有同一目的，基于这种同一目的，连带债务人中的一人给付或者因连带债务人中的一人与债权人发生抵销、混同或者提存，使债权人的债权得到满足时，全体债权人的债务也归于消灭；（4）须多数责任主体之间有某种连带关系，这是连带责任的本质特征。

● *相关规定*

《民法典》第 1168 条、第 1170 条

第一百七十九条　民事责任的承担方式

承担民事责任的方式主要有：

（一）停止侵害；

（二）排除妨碍；

（三）消除危险；

（四）返还财产；

（五）恢复原状；

（六）修理、重作、更换；

（七）继续履行；

（八）赔偿损失；

（九）支付违约金；

（十）消除影响、恢复名誉；

（十一）赔礼道歉。

法律规定惩罚性赔偿的，依照其规定。

本条规定的承担民事责任的方式，可以单独适用，也可以合并适用。

● 相关规定

《食品安全法》第148条；《电子商务法》第42条；《消费者权益保护法》第50条

第一百八十条　不可抗力

因不可抗力不能履行民事义务的，不承担民事责任。法律另有规定的，依照其规定。

不可抗力是不能预见、不能避免且不能克服的客观情况。

● 条文注释

不可抗力应当符合以下要求:(1)不可预见,是指根据现有的技术水平,一般人对某种事件的发生无法预料;(2)不可避免且不能克服,是指当事人已经尽到最大努力和采取一切可以采取的措施,仍然不能避免某种事件的发生并克服事件造成的损害后果;(3)属于客观情况,是指事件外在于人的行为的自然性。

司法实践应用不可抗力的基本规则是,因不可抗力造成损害的,当事人一般不承担民事责任,但须不可抗力为损害发生的唯一原因,当事人对损害的发生和扩大不能产生任何作用。在发生不可抗力的时候,应当查清不可抗力与造成的损害后果之间的关系,并确定当事人的活动在发生不可抗力的条件下对所造成的损害后果的作用。

第一百八十一条 正当防卫

因正当防卫造成损害的,不承担民事责任。

正当防卫超过必要的限度,造成不应有的损害的,正当防卫人应当承担适当的民事责任。

● 条文注释

正当防卫作为一种抗辩事由,是指为避免本人或他人的合法权益遭受现实的不法侵害而实施的防卫措施。正当防卫实际上是法律赋予公民的一种对正当权益的保护权,从性质上说是一种自力救济。

正当防卫成为抗辩事由应具备的要件有:(1)正当防卫必须以现实的和正在发生的侵害行为为前提;(2)正当防卫必须是针对不法侵害所实施的;(3)正当防卫必须以保护合法权益为目的;(4)正当防卫必须适度。正当防卫超过必要限度的,应承担适当的民事责任。

● *实用问答*

问：什么叫作正当防卫？

答：《最高人民法院关于适用〈中华人民共和国民法典〉总则编若干问题的解释》第三十条规定，为了使国家利益、社会公共利益、本人或者他人的人身权利、财产权利以及其他合法权益免受正在进行的不法侵害，而针对实施侵害行为的人采取的制止不法侵害的行为，应当认定为民法典第一百八十一条规定的正当防卫。

问：如何认定正当防卫是否超过必要的限度？超过必要限度的法律后果是什么？

答：《最高人民法院关于适用〈中华人民共和国民法典〉总则编若干问题的解释》第三十一条第一款规定，对于正当防卫是否超过必要的限度，人民法院应当综合不法侵害的性质、手段、强度、危害程度和防卫的时机、手段、强度、损害后果等因素判断。

《最高人民法院关于适用〈中华人民共和国民法典〉总则编若干问题的解释》第三十一条第二款规定，经审理，正当防卫没有超过必要限度的，人民法院应当认定正当防卫人不承担责任。正当防卫超过必要限度的，人民法院应当认定正当防卫人在造成不应有的损害范围内承担部分责任；实施侵害行为的人请求正当防卫人承担全部责任的，人民法院不予支持。

● *典型案例*

朱凤山故意伤害（防卫过当）案（最高人民检察院检例第46号）

防卫过当中，重大损害是指造成不法侵害人死亡、重伤的后果，造成轻伤及以下损伤的不属于重大损害；明显超过必要限度是指，根据所保护的权利性质、不法侵害的强度和紧迫程度等综合衡量，防卫措施缺乏必要性，防卫强度与侵害程度对比也相差悬殊。司法实践中，重大损害的认定比较好把握，但明显超过必要限度的认定相对复杂，对此应当根据不法侵害的性质、手段、强度和危害程度，以及防卫行为的性质、手段、强度、时机和所处环境等因素，进行综合判断。本案中，朱凤山为保护住宅安宁和免受可能的一定人身侵害，而致侵害人丧失生命，就防卫与侵害的性质、手段、强度和结果等因素的对比来看，既不必要也相差悬殊，属于明显超过必要限度造成重大损害。

民间矛盾引发的案件极其复杂，涉及防卫性质争议的，应当坚持依法、审慎的原则，准确作出判断和认定，从而引导公民理性解决争端，避免在争议纠纷中不必要地使用武力。针对实践当中的常见情形，可注意把握以下几点：一是应作整体判断，即分清前因后果和是非曲直，根据查明的事实，当事人的行为具有防卫性质的，应当依法作出认定，不能唯结果论，也不能因矛盾暂时没有化解等因素而不去认定或不敢认定；二是对于近亲属之间发生的不法侵害，对防卫强度必须结合具体案情作出更为严格的限制；三是对于被害人有无过错与是否正在进行的不法侵害，应当通过细节的审查、补查，作出准确的区分和认定。

● *相关案例索引*

张那木拉正当防卫案（最高人民法院指导案例 144 号)

对于使用致命性凶器攻击他人要害部位，严重危及他人人身安全的行为，应当认定为刑法第二十条第三款规定的"行凶"，可以适用特殊防卫的有关规定。对于多人共同实施不法侵害，部分不法侵害人已被制伏，但其他不法侵害人仍在继续实施侵害的，仍然可以进行防卫。

● *相关规定*

《刑法》第 20 条；《最高人民法院关于适用〈中华人民共和国民法典〉总则编若干问题的解释》第 30~31 条

第一百八十二条　紧急避险

> 因紧急避险造成损害的，由引起险情发生的人承担民事责任。
>
> 危险由自然原因引起的，紧急避险人不承担民事责任，可以给予适当补偿。
>
> 紧急避险采取措施不当或者超过必要的限度，造成不应有的损害的，紧急避险人应当承担适当的民事责任。

● *条文注释*

紧急避险作为一种抗辩事由，是指为了使公共利益、本人或他人的合法权益免受现实和紧急的损害危险，不得已而采取的致他人和本人损害的行为。

对紧急避险所造成的损害，按以下原则处理：原则上，由引起危险发生的人承担民事责任。如果危险是由自然原因引起的，则可由受益人给予适当补偿。如果紧急避险采取措施不当或超过必要限度，造成不应有的损失，避险人应承担适当的民事责任。例如，甲的邻居乙的草垛着火，甲引水灭火，旁边有两个池塘，一个是一般储水的池塘，另一个是养鱼的池塘，甲知情但仍引鱼塘里的水致使鱼死亡，此时即属避险措施不当，甲应承担相应的损失。紧急避险成为抗辩事由应具备的要件：（1）必须有合法的权益会受到损害的紧急危险；（2）必须是在不得已的情况下采取的避险措施；（3）紧急避险行为不得超过必要限度，即避险行为引起的损害应轻于所避免的损害。

● *实用问答*

问：什么是紧急避险？

答：《最高人民法院关于适用〈中华人民共和国民法典〉总则编若干问题的解释》第三十二条规定，为了使国家利益、社会公共利益、本人或者他人的人身权利、财产权利以及其他合法权益免受正在发生的急迫危险，不得已而采取紧急措施的，应当认定为民法典第一百八十二条规定的紧急避险。

问：如何认定紧急避险是否超过必要的限度？超过必要限度的法律后果是什么？

答：《最高人民法院关于适用〈中华人民共和国民法典〉总则编若干问题的解释》第三十三条第一款规定，对于紧急避险是否采取措施不当或者超过必要的限度，人民法院应当综合危险的性质、急迫程度、避险行为所保护的权益以及造成的损害后果等因素判断。

《最高人民法院关于适用〈中华人民共和国民法典〉总则编若干问题的解释》第三十三条第二款规定，经审理，紧急避险采取措施并无不当且没有超过必要限度的，人民法院应当认定紧急避险人不承担责任。紧急避险采取措施不当或者超过必要限度的，人民法院应当根据紧急避险人的过错程度、避险措施造成不应有的损害的原因力大小、紧急避险人是否为受益人等因素认定紧急避险人在造成的不应有的损害范围内承担相应的责任。

● *相关规定*

《刑法》第21条；《最高人民法院关于适用〈中华人民共和国民法典〉总则编若干问题的解释》第32~33条

第一百八十三条 因保护他人民事权益而受损的责任承担

因保护他人民事权益使自己受到损害的，由侵权人承担民事责任，受益人可以给予适当补偿。没有侵权人、侵权人逃逸或者无力承担民事责任，受害人请求补偿的，受益人应当给予适当补偿。

● 条文注释

该条是关于因保护他人民事权益使自己受到损害的受赔偿或补偿的规定。本条与前述正当防卫和紧急避险相关联，限于其中见义勇为者。本条规定的目的在于，通过确立侵权人的责任和受益人补偿义务的后果，强化对见义勇为者的利益保护，从而鼓励人们实施此种行为，弘扬良好的道德风尚。

在见义勇为的情形下，因保护他人民事权益使自己受到损害的人，是否可以直接从受益人那里获得补偿，一直存在争议。一种观点认为，只能从侵权人那里获得赔偿；另一种观点认为，除了侵权人应当赔偿，在没有侵权人或者没有人应该负责时，受益人应该基于公平原则补偿。本条选择了第二种方案，但是在有侵权人时，虽然应由侵权人赔偿，但也尊重受益人自愿，可以给予适当补偿。

● 典型案例

李某良、钟某梅诉吴某闲等生命权纠纷案［人民法院贯彻实施民法典典型案例（第二批）[①] 之二］

2020 年 6 月 2 日晚，李某林与吴某闲等四人一同就餐后，前往重庆市江津区几江长江大桥下江边码头散步。因琐事发生争执，吴某闲

[①] 《人民法院贯彻实施民法典典型案例（第二批）》，载最高人民法院网站，https://www.court.gov.cn/zixun/xiangqing/386521.html，最后访问时间：2023 年 8 月 29 日。

跳入长江，李某林跳江施救，此后吴某闲抓住岸上连接船只的钢丝线后获救，李某林不幸溺亡。吴某闲垫付打捞尸体费用6000元。后李某林的父母李某良、钟某梅以吴某闲等人为被告诉至法院，请求判令吴某闲等赔偿因李某林死亡产生的各项赔偿款800000元。

生效裁判认为，因保护他人民事权益使自己受到损害，没有侵权人、侵权人逃逸或者无力承担民事责任，受害人请求补偿的，受益人应当给予适当补偿。本案中，李某林在没有法定或者约定义务的前提下，下水救助吴某闲而不幸溺亡，属于见义勇为。吴某闲系因发生争执情绪激动主动跳水，本案没有侵权人，吴某闲作为受益人应当给予适当补偿。遂综合考虑李某林救助行为及所起作用、原告受损情况等，判令吴某闲补偿李某良、钟某梅40000元，吴某闲垫付的打捞尸体费用亦作为吴某闲的补偿费用，不再进行抵扣。

● **相关案例索引**

1. 重庆市涪陵志大物业管理有限公司诉重庆市涪陵区人力资源和社会保障局劳动和社会保障行政确认案（最高人民法院指导案例94号）

职工见义勇为，为制止违法犯罪行为而受到伤害的，属于《工伤保险条例》第十五条第一款第二项规定的为维护公共利益受到伤害的情形，应当视同工伤。

2. 张庆福、张殿凯诉朱振彪生命权纠纷案（最高人民法院指导案例98号）

行为人非因法定职责、法定义务或约定义务，为保护国家、社会公共利益或者他人的人身、财产安全，实施阻止不法侵害者逃逸的行为，人民法院可以认定为见义勇为。

● **相关规定**

《最高人民法院关于适用〈中华人民共和国民法典〉总则编若干问题的解释》第 34 条

第一百八十四条　紧急救助的责任豁免

因自愿实施紧急救助行为造成受助人损害的,救助人不承担民事责任。

第一百八十五条　英雄烈士人格利益的保护

侵害英雄烈士等的姓名、肖像、名誉、荣誉,损害社会公共利益的,应当承担民事责任。

● **典型案例**

杭州市临平区人民检察院诉陈某英雄烈士保护民事公益诉讼案
[人民法院贯彻实施民法典典型案例(第二批)① 之三]

2020 年 6 月 15 日,戍边烈士肖思远在边境冲突中誓死捍卫祖国领土,突围后又义无反顾返回营救战友,遭敌围攻壮烈牺牲,于 2021 年 2 月被中央军委追记一等功。2021 年 2 月至 4 月间,陈某在人民日报、央视新闻、头条新闻等微博账号发布的纪念、缅怀肖思远烈士的文章下,发表针对肖思远烈士的不当评论内容共计 20 条,诋毁其形象和荣誉。公益诉讼起诉人认为,陈某的行为侵害戍边烈士肖思远的名誉和荣誉,损害社会公共利益,故向人民法院提起民事公益诉讼,请求判令陈某在全国性的新闻媒体上公开赔礼道歉、消除影响。

---

① 《人民法院贯彻实施民法典典型案例(第二批)》,载最高人民法院网站,https://www.court.gov.cn/zixun/xiangqing/386521.html,最后访问时间:2023 年 8 月 29 日。

生效裁判认为，民法典第一百八十五条侧重保护的是已经成为社会公共利益重要组成部分的英雄烈士的人格利益。英雄烈士是中华民族最优秀群体的代表，英雄烈士和他们所体现的爱国主义、英雄主义精神，是我们党魂、国魂、军魂、民族魂的不竭源泉和重要支撑，是中华民族精神的集中反映。英雄烈士的事迹和精神是中华民族的共同记忆，是社会主义核心价值观的重要体现。抹黑英雄烈士，既是对社会主义核心价值观的否定和瓦解，也容易对人民群众的价值观念造成恶劣影响。陈某在互联网空间多次公开发表针对肖思远烈士名誉、荣誉的严重侮辱、诋毁、贬损、亵渎言论，伤害了国民的共同情感和民族精神，污染了社会风气，不利于民族共同记忆的赓续、传承，更是对社会主义核心价值观的严重背离，已构成对社会公共利益的侵害。故判决陈某在全国性的新闻媒体上向社会公众公开赔礼道歉、消除影响。

● *相关规定*

《英雄烈士保护法》第22条；《最高人民法院关于适用〈中华人民共和国民法典〉时间效力的若干规定》第6条

第一百八十六条　违约责任与侵权责任的竞合

因当事人一方的违约行为，损害对方人身权益、财产权益的，受损害方有权选择请求其承担违约责任或者侵权责任。

第一百八十七条　民事责任优先

民事主体因同一行为应当承担民事责任、行政责任和刑事责任的，承担行政责任或者刑事责任不影响承担民事责任；民事主体的财产不足以支付的，优先用于承担民事责任。

● **相关规定**

《产品质量法》第64条;《食品安全法》第147条;《刑法》第36条

第九章 诉讼时效

第一百八十八条 普通诉讼时效

向人民法院请求保护民事权利的诉讼时效期间为三年。法律另有规定的,依照其规定。

诉讼时效期间自权利人知道或者应当知道权利受到损害以及义务人之日起计算。法律另有规定的,依照其规定。但是,自权利受到损害之日起超过二十年的,人民法院不予保护,有特殊情况的,人民法院可以根据权利人的申请决定延长。

● **条文注释**

诉讼时效,是能够引起民事法律关系发生变化的法律事实,又称消灭时效,是指权利人在一定期间内不行使权利,即在某种程度上丧失请求利益的时效制度。设立诉讼时效制度的主要目的在于促进法律关系安定,及时结束权利义务关系的不确定状态,稳定法律秩序,降低交易成本。

诉讼时效期间可以分为:(1)一般诉讼时效,是指由民法统一规定的,普遍适用于法律没有作特殊诉讼时效规定的各种民事法律关系的消灭时效。(2)特别诉讼时效,也叫特殊诉讼时效,是指由法律特别规定的,只适用于某些特殊民事法律关系的消灭时效。(3)最长诉讼时效,也叫绝对诉讼时效,是指不适用诉讼时效中止、中断、延长规定的长期诉讼时效期间。本条规定的是一般诉讼时效和最长诉讼时效的期间及起算的规则。

一般诉讼时效期间为3年，自权利人知道或者应当知道权利受到损害以及义务人之日起计算。期间起始的时间须具备两个要件：（1）权利人知道或者应当知道权利受到损害；（2）知道或者应当知道义务人。具备了这两个要件，即开始起算诉讼时效期间。对诉讼时效期间的起算时间，法律另有规定的情况详见本法第一百八十九条至第一百九十一条。

● *实用问答*

问：二十年诉讼时效期间能否适用民法典有关诉讼时效中止、中断的规定？

答：不能。《最高人民法院关于适用〈中华人民共和国民法典〉总则编若干问题的解释》第三十五条规定，民法典第一百八十八条第一款规定的三年诉讼时效期间，可以适用民法典有关诉讼时效中止、中断的规定，不适用延长的规定。该条第二款规定的二十年期间不适用中止、中断的规定。

● *相关规定*

《最高人民法院关于适用〈中华人民共和国民法典〉总则编若干问题的解释》第35条

第一百八十九条　分期履行债务诉讼时效的起算

当事人约定同一债务分期履行的，诉讼时效期间自最后一期履行期限届满之日起计算。

第一百九十条　对法定代理人请求权诉讼时效的起算

无民事行为能力人或者限制民事行为能力人对其法定代理人的请求权的诉讼时效期间，自该法定代理终止之日起计算。

● *相关规定*

《最高人民法院关于适用〈中华人民共和国民法典〉总则编若干问题的解释》第 36~37 条

第一百九十一条　未成年人遭受性侵害的损害赔偿诉讼时效的起算

未成年人遭受性侵害的损害赔偿请求权的诉讼时效期间，自受害人年满十八周岁之日起计算。

● *相关规定*

《未成年人保护法》第 111~112 条

第一百九十二条　诉讼时效届满的法律效果

诉讼时效期间届满的，义务人可以提出不履行义务的抗辩。

诉讼时效期间届满后，义务人同意履行的，不得以诉讼时效期间届满为由抗辩；义务人已经自愿履行的，不得请求返还。

● *典型案例*

上海市虹口区久乐大厦小区业主大会诉上海环亚实业总公司业主共有权纠纷案（最高人民法院指导案例65号）

2004年3月，被告上海环亚实业总公司（以下简称环亚公司）取得上海市虹口区久乐大厦底层、二层房屋的产权，底层建筑面积691.36平方米、二层建筑面积910.39平方米。环亚公司未支付过上述房屋的专项维修资金。2010年9月，原告久乐大厦小区业主大会（以下简称久乐业主大会）经征求业主表决意见，决定由久乐业主大会代表业主提起追讨维修资金的诉讼。久乐业主大会向法院起诉，要求环亚公司就其所有的久乐大厦底层、二层的房屋向原告缴纳专项维修资金57566.9元。被告环亚公司辩称，其于2004年获得房地产权证，至本案诉讼有6年之久，原告从未主张过维修资金，该请求已超过诉讼时效，不同意原告诉请。

上海市虹口区人民法院于2011年7月21日作出（2011）虹民三（民）初字第833号民事判决：被告环亚公司应向原告久乐业主大会缴纳久乐大厦底层、二层房屋的维修资金57566.9元。宣判后，环亚公司向上海市第二中级人民法院提起上诉。上海市第二中级人民法院于2011年9月21日作出（2011）沪二中民二（民）终字第1908号民事判决：驳回上诉，维持原判。

专项维修资金是专门用于物业共用部位、共用设施、设备保修期满后的维修和更新、改造的资金，属于全体业主共有。缴纳专项维修资金是业主为维护建筑物的长期安全使用而应承担的一项法定义务。业主拒绝缴纳专项维修资金，并以诉讼时效提出抗辩的，人民法院不予支持。

第一百九十三条　诉讼时效援用

人民法院不得主动适用诉讼时效的规定。

第一百九十四条　诉讼时效的中止

在诉讼时效期间的最后六个月内，因下列障碍，不能行使请求权的，诉讼时效中止：

（一）不可抗力；

（二）无民事行为能力人或者限制民事行为能力人没有法定代理人，或者法定代理人死亡、丧失民事行为能力、丧失代理权；

（三）继承开始后未确定继承人或者遗产管理人；

（四）权利人被义务人或者其他人控制；

（五）其他导致权利人不能行使请求权的障碍。

自中止时效的原因消除之日起满六个月，诉讼时效期间届满。

● *条文注释*

时效制度意在敦促权利人及时行使权利，其适用以权利人可以行使权利而怠于行使为前提。如果出现客观障碍导致权利人无法行使权利，则继续计算时效未免有失公平，因此应暂停计算时效以保证权利人有行使权利的必要时间，从而保护其权益。此即诉讼时效中止制度。

诉讼时效中止须发生在时效期间的最后6个月内。只要在诉讼时效期间的最后6个月内，出现了本条规定的诉讼时效中止事由，导致当事人不能行使请求权的，诉讼时效即停止计算，待法定事由消除之日起满6个月，诉讼时效期间才届满。

第一百九十五条　诉讼时效的中断

有下列情形之一的，诉讼时效中断，从中断、有关程序终结时起，诉讼时效期间重新计算：

（一）权利人向义务人提出履行请求；

（二）义务人同意履行义务；

（三）权利人提起诉讼或者申请仲裁；
（四）与提起诉讼或者申请仲裁具有同等效力的其他情形。

● 条文注释

出现下列事项之一，人民法院应当认定与提起诉讼具有同等诉讼时效中断的效力：（1）申请支付令；（2）申请破产、申报破产债权；（3）为主张权利而申请宣告义务人失踪或死亡；（4）申请诉前财产保全、诉前临时禁令等诉前措施；（5）申请强制执行；（6）申请追加当事人或者被通知参加诉讼；（7）在诉讼中主张抵销；（8）其他与提起诉讼具有同等诉讼时效中断效力的事项。

具有下列情形之一的，应当认定为本条规定的"权利人向义务人提出履行请求"，产生诉讼时效中断的效力：（1）当事人一方直接向对方当事人送交主张权利文书，对方当事人在文书上签名、盖章、按指印或者虽未签名、盖章、按指印但能够以其他方式证明该文书到达对方当事人的；（2）当事人一方以发送信件或者数据电文方式主张权利，信件或者数据电文到达或者应当到达对方当事人的；（3）当事人一方为金融机构，依照法律规定或者当事人约定从对方当事人账户中扣收欠款本息的；（4）当事人一方下落不明，对方当事人在国家级或者下落不明的当事人一方住所地的省级有影响的媒体上刊登具有主张权利内容的公告的，但法律和司法解释另有特别规定的，适用其规定。在第（1）项情形中，对方当事人为法人或者其他组织的，签收人可以是其法定代表人、主要负责人、负责收发信件的部门或者被授权主体；对方当事人为自然人的，签收人可以是自然人本人、同住的具有完全行为能力的亲属或者被授权主体。

● *实用问答*

问：诉讼时效可以多次中断吗？

答：可以。《最高人民法院关于适用〈中华人民共和国民法典〉总则编若干问题的解释》第三十八条第一款规定，诉讼时效依据民法典第一百九十五条的规定中断后，在新的诉讼时效期间内，再次出现第一百九十五条规定的中断事由，可以认定为诉讼时效再次中断。

● *相关规定*

《最高人民法院关于审理民事案件适用诉讼时效制度若干问题的规定》第 8~14 条；《最高人民法院关于适用〈中华人民共和国民法典〉总则编若干问题的解释》第 38 条

第一百九十六条 不适用诉讼时效的情形

下列请求权不适用诉讼时效的规定：

（一）请求停止侵害、排除妨碍、消除危险；

（二）不动产物权和登记的动产物权的权利人请求返还财产；

（三）请求支付抚养费、赡养费或者扶养费；

（四）依法不适用诉讼时效的其他请求权。

第一百九十七条 诉讼时效法定

诉讼时效的期间、计算方法以及中止、中断的事由由法律规定，当事人约定无效。

当事人对诉讼时效利益的预先放弃无效。

第一百九十八条　仲裁时效

法律对仲裁时效有规定的，依照其规定；没有规定的，适用诉讼时效的规定。

● *相关规定*

《仲裁法》第 74 条

第一百九十九条　除斥期间

法律规定或者当事人约定的撤销权、解除权等权利的存续期间，除法律另有规定外，自权利人知道或者应当知道权利产生之日起计算，不适用有关诉讼时效中止、中断和延长的规定。存续期间届满，撤销权、解除权等权利消灭。

第十章　期 间 计 算

第二百条　期间的计算单位

民法所称的期间按照公历年、月、日、小时计算。

第二百零一条　期间的起算

按照年、月、日计算期间的，开始的当日不计入，自下一日开始计算。

按照小时计算期间的，自法律规定或者当事人约定的时间开始计算。

第二百零二条　期间结束

按照年、月计算期间的，到期月的对应日为期间的最后一日；没有对应日的，月末日为期间的最后一日。

第二百零三条　期间计算的特殊规定

期间的最后一日是法定休假日的，以法定休假日结束的次日为期间的最后一日。

期间的最后一日的截止时间为二十四时；有业务时间的，停止业务活动的时间为截止时间。

● 相关规定

《全国年节及纪念日放假办法》

第二百零四条　期间法定或约定

期间的计算方法依照本法的规定，但是法律另有规定或者当事人另有约定的除外。

附　录

最高人民法院关于适用《中华人民共和国民法典》总则编若干问题的解释

（2021年12月30日最高人民法院审判委员会第1861次会议通过　2022年2月24日最高人民法院公告公布　自2022年3月1日起施行　法释〔2022〕6号）

为正确审理民事案件，依法保护民事主体的合法权益，维护社会和经济秩序，根据《中华人民共和国民法典》《中华人民共和国民事诉讼法》等相关法律规定，结合审判实践，制定本解释。

一、一般规定

第一条　民法典第二编至第七编对民事关系有规定的，人民法院直接适用该规定；民法典第二编至第七编没有规定的，适用民法典第一编的规定，但是根据其性质不能适用的除外。

就同一民事关系，其他民事法律的规定属于对民法典相应规定的细化的，应当适用该民事法律的规定。民法典规定适用其他法律的，适用该法律的规定。

民法典及其他法律对民事关系没有具体规定的，可以遵循民法典关于基本原则的规定。

第二条　在一定地域、行业范围内长期为一般人从事民事活动时普遍遵守的民间习俗、惯常做法等，可以认定为民法典第十条规定的习惯。

当事人主张适用习惯的，应当就习惯及其具体内容提供相应证据；必要时，人民法院可以依职权查明。

适用习惯，不得违背社会主义核心价值观，不得违背公序良俗。

第三条 对于民法典第一百三十二条所称的滥用民事权利，人民法院可以根据权利行使的对象、目的、时间、方式、造成当事人之间利益失衡的程度等因素作出认定。

行为人以损害国家利益、社会公共利益、他人合法权益为主要目的行使民事权利的，人民法院应当认定构成滥用民事权利。

构成滥用民事权利的，人民法院应当认定该滥用行为不发生相应的法律效力。滥用民事权利造成损害的，依照民法典第七编等有关规定处理。

二、民事权利能力和民事行为能力

第四条 涉及遗产继承、接受赠与等胎儿利益保护，父母在胎儿娩出前作为法定代理人主张相应权利的，人民法院依法予以支持。

第五条 限制民事行为能力人实施的民事法律行为是否与其年龄、智力、精神健康状况相适应，人民法院可以从行为与本人生活相关联的程度，本人的智力、精神健康状况能否理解其行为并预见相应的后果，以及标的、数量、价款或者报酬等方面认定。

三、监护

第六条 人民法院认定自然人的监护能力，应当根据其年龄、身心健康状况、经济条件等因素确定；认定有关组织的监护能力，应当根据其资质、信用、财产状况等因素确定。

第七条　担任监护人的被监护人父母通过遗嘱指定监护人，遗嘱生效时被指定的人不同意担任监护人的，人民法院应当适用民法典第二十七条、第二十八条的规定确定监护人。

未成年人由父母担任监护人，父母中的一方通过遗嘱指定监护人，另一方在遗嘱生效时有监护能力，有关当事人对监护人的确定有争议的，人民法院应当适用民法典第二十七条第一款的规定确定监护人。

第八条　未成年人的父母与其他依法具有监护资格的人订立协议，约定免除具有监护能力的父母的监护职责的，人民法院不予支持。协议约定在未成年人的父母丧失监护能力时由该具有监护资格的人担任监护人的，人民法院依法予以支持。

依法具有监护资格的人之间依据民法典第三十条的规定，约定由民法典第二十七条第二款、第二十八条规定的不同顺序的人共同担任监护人，或者由顺序在后的人担任监护人的，人民法院依法予以支持。

第九条　人民法院依据民法典第三十一条第二款、第三十六条第一款的规定指定监护人时，应当尊重被监护人的真实意愿，按照最有利于被监护人的原则指定，具体参考以下因素：

（一）与被监护人生活、情感联系的密切程度；

（二）依法具有监护资格的人的监护顺序；

（三）是否有不利于履行监护职责的违法犯罪等情形；

（四）依法具有监护资格的人的监护能力、意愿、品行等。

人民法院依法指定的监护人一般应当是一人，由数人共同担任监护人更有利于保护被监护人利益的，也可以是数人。

第十条　有关当事人不服居民委员会、村民委员会或者民政部门的指定,在接到指定通知之日起三十日内向人民法院申请指定监护人的,人民法院经审理认为指定并无不当,依法裁定驳回申请;认为指定不当,依法判决撤销指定并另行指定监护人。

有关当事人在接到指定通知之日起三十日后提出申请的,人民法院应当按照变更监护关系处理。

第十一条　具有完全民事行为能力的成年人与他人依据民法典第三十三条的规定订立书面协议事先确定自己的监护人后,协议的任何一方在该成年人丧失或者部分丧失民事行为能力前请求解除协议的,人民法院依法予以支持。该成年人丧失或者部分丧失民事行为能力后,协议确定的监护人无正当理由请求解除协议的,人民法院不予支持。

该成年人丧失或者部分丧失民事行为能力后,协议确定的监护人有民法典第三十六条第一款规定的情形之一,该条第二款规定的有关个人、组织申请撤销其监护人资格的,人民法院依法予以支持。

第十二条　监护人、其他依法具有监护资格的人之间就监护人是否有民法典第三十九条第一款第二项、第四项规定的应当终止监护关系的情形发生争议,申请变更监护人的,人民法院应当依法受理。经审理认为理由成立的,人民法院依法予以支持。

被依法指定的监护人与其他具有监护资格的人之间协议变更监护人的,人民法院应当尊重被监护人的真实意愿,按照最有利于被监护人的原则作出裁判。

第十三条　监护人因患病、外出务工等原因在一定期限内不能完全履行监护职责,将全部或者部分监护职责委托给他人,当事人主张受托人因此成为监护人的,人民法院不予支持。

185

四、宣告失踪和宣告死亡

第十四条 人民法院审理宣告失踪案件时，下列人员应当认定为民法典第四十条规定的利害关系人：

（一）被申请人的近亲属；

（二）依据民法典第一千一百二十八条、第一千一百二十九条规定对被申请人有继承权的亲属；

（三）债权人、债务人、合伙人等与被申请人有民事权利义务关系的民事主体，但是不申请宣告失踪不影响其权利行使、义务履行的除外。

第十五条 失踪人的财产代管人向失踪人的债务人请求偿还债务的，人民法院应当将财产代管人列为原告。

债权人提起诉讼，请求失踪人的财产代管人支付失踪人所欠的债务和其他费用的，人民法院应当将财产代管人列为被告。经审理认为债权人的诉讼请求成立的，人民法院应当判决财产代管人从失踪人的财产中支付失踪人所欠的债务和其他费用。

第十六条 人民法院审理宣告死亡案件时，被申请人的配偶、父母、子女，以及依据民法典第一千一百二十九条规定对被申请人有继承权的亲属应当认定为民法典第四十六条规定的利害关系人。

符合下列情形之一的，被申请人的其他近亲属，以及依据民法典第一千一百二十八条规定对被申请人有继承权的亲属应当认定为民法典第四十六条规定的利害关系人：

（一）被申请人的配偶、父母、子女均已死亡或者下落不明的；

（二）不申请宣告死亡不能保护其相应合法权益的。

被申请人的债权人、债务人、合伙人等民事主体不能认定为民法典第四十六条规定的利害关系人,但是不申请宣告死亡不能保护其相应合法权益的除外。

第十七条 自然人在战争期间下落不明的,利害关系人申请宣告死亡的期间适用民法典第四十六条第一款第一项的规定,自战争结束之日或者有关机关确定的下落不明之日起计算。

五、民事法律行为

第十八条 当事人未采用书面形式或者口头形式,但是实施的行为本身表明已经作出相应意思表示,并符合民事法律行为成立条件的,人民法院可以认定为民法典第一百三十五条规定的采用其他形式实施的民事法律行为。

第十九条 行为人对行为的性质、对方当事人或者标的物的品种、质量、规格、价格、数量等产生错误认识,按照通常理解如果不发生该错误认识行为人就不会作出相应意思表示的,人民法院可以认定为民法典第一百四十七条规定的重大误解。

行为人能够证明自己实施民事法律行为时存在重大误解,并请求撤销该民事法律行为的,人民法院依法予以支持;但是,根据交易习惯等认定行为人无权请求撤销的除外。

第二十条 行为人以其意思表示存在第三人转达错误为由请求撤销民事法律行为的,适用本解释第十九条的规定。

第二十一条 故意告知虚假情况,或者负有告知义务的人故意隐瞒真实情况,致使当事人基于错误认识作出意思表示的,人民法院可以认定为民法典第一百四十八条、第一百四十九条规定的欺诈。

第二十二条 以给自然人及其近亲属等的人身权利、财产权利以及其他合法权益造成损害或者以给法人、非法人组织的名誉、荣誉、财产权益等造成损害为要挟，迫使其基于恐惧心理作出意思表示的，人民法院可以认定为民法典第一百五十条规定的胁迫。

第二十三条 民事法律行为不成立，当事人请求返还财产、折价补偿或者赔偿损失的，参照适用民法典第一百五十七条的规定。

第二十四条 民事法律行为所附条件不可能发生，当事人约定为生效条件的，人民法院应当认定民事法律行为不发生效力；当事人约定为解除条件的，应当认定未附条件，民事法律行为是否失效，依照民法典和相关法律、行政法规的规定认定。

六、代　理

第二十五条 数个委托代理人共同行使代理权，其中一人或者数人未与其他委托代理人协商，擅自行使代理权的，依据民法典第一百七十一条、第一百七十二条等规定处理。

第二十六条 由于急病、通讯联络中断、疫情防控等特殊原因，委托代理人自己不能办理代理事项，又不能与被代理人及时取得联系，如不及时转委托第三人代理，会给被代理人的利益造成损失或者扩大损失的，人民法院应当认定为民法典第一百六十九条规定的紧急情况。

第二十七条 无权代理行为未被追认，相对人请求行为人履行债务或者赔偿损失的，由行为人就相对人知道或者应当知道行为人无权代理承担举证责任。行为人不能证明的，人民法院依法支持相对人的相应诉讼请求；行为人能够证明的，人民法院应当按照各自的过错认定行为人与相对人的责任。

第二十八条 同时符合下列条件的，人民法院可以认定为民法典第一百七十二条规定的相对人有理由相信行为人有代理权：

（一）存在代理权的外观；

（二）相对人不知道行为人行为时没有代理权，且无过失。

因是否构成表见代理发生争议的，相对人应当就无权代理符合前款第一项规定的条件承担举证责任；被代理人应当就相对人不符合前款第二项规定的条件承担举证责任。

第二十九条 法定代理人、被代理人依据民法典第一百四十五条、第一百七十一条的规定向相对人作出追认的意思表示的，人民法院应当依据民法典第一百三十七条的规定确认其追认意思表示的生效时间。

七、民事责任

第三十条 为了使国家利益、社会公共利益、本人或者他人的人身权利、财产权利以及其他合法权益免受正在进行的不法侵害，而针对实施侵害行为的人采取的制止不法侵害的行为，应当认定为民法典第一百八十一条规定的正当防卫。

第三十一条 对于正当防卫是否超过必要的限度，人民法院应当综合不法侵害的性质、手段、强度、危害程度和防卫的时机、手段、强度、损害后果等因素判断。

经审理，正当防卫没有超过必要限度的，人民法院应当认定正当防卫人不承担责任。正当防卫超过必要限度的，人民法院应当认定正当防卫人在造成不应有的损害范围内承担部分责任；实施侵害行为的人请求正当防卫人承担全部责任的，人民法院不予支持。

实施侵害行为的人不能证明防卫行为造成不应有的损害，仅以正当防卫人采取的反击方式和强度与不法侵害不相当为由主张防卫过当的，人民法院不予支持。

第三十二条 为了使国家利益、社会公共利益、本人或者他人的人身权利、财产权利以及其他合法权益免受正在发生的急迫危险，不得已而采取紧急措施的，应当认定为民法典第一百八十二条规定的紧急避险。

第三十三条 对于紧急避险是否采取措施不当或者超过必要的限度，人民法院应当综合危险的性质、急迫程度、避险行为所保护的权益以及造成的损害后果等因素判断。

经审理，紧急避险采取措施并无不当且没有超过必要限度的，人民法院应当认定紧急避险人不承担责任。紧急避险采取措施不当或者超过必要限度的，人民法院应当根据紧急避险人的过错程度、避险措施造成不应有的损害的原因力大小、紧急避险人是否为受益人等因素认定紧急避险人在造成的不应有的损害范围内承担相应的责任。

第三十四条 因保护他人民事权益使自己受到损害，受害人依据民法典第一百八十三条的规定请求受益人适当补偿的，人民法院可以根据受害人所受损失和已获赔偿的情况、受益人受益的多少及其经济条件等因素确定受益人承担的补偿数额。

八、诉讼时效

第三十五条 民法典第一百八十八条第一款规定的三年诉讼时效期间，可以适用民法典有关诉讼时效中止、中断的规定，不适用延长的规定。该条第二款规定的二十年期间不适用中止、中断的规定。

第三十六条 无民事行为能力人或者限制民事行为能力人的权利受到损害的，诉讼时效期间自其法定代理人知道或者应当知道权利受到损害以及义务人之日起计算，但是法律另有规定的除外。

第三十七条 无民事行为能力人、限制民事行为能力人的权利受到原法定代理人损害，且在取得、恢复完全民事行为能力或者在原法定代理终止并确定新的法定代理人后，相应民事主体才知道或者应当知道权利受到损害的,有关请求权诉讼时效期间的计算适用民法典第一百八十八条第二款、本解释第三十六条的规定。

第三十八条 诉讼时效依据民法典第一百九十五条的规定中断后,在新的诉讼时效期间内,再次出现第一百九十五条规定的中断事由,可以认定为诉讼时效再次中断。

权利人向义务人的代理人、财产代管人或者遗产管理人等提出履行请求的,可以认定为民法典第一百九十五条规定的诉讼时效中断。

九、附 则

第三十九条 本解释自2022年3月1日起施行。

民法典施行后的法律事实引起的民事案件,本解释施行后尚未终审的,适用本解释;本解释施行前已经终审,当事人申请再审或者按照审判监督程序决定再审的,不适用本解释。

最高人民法院关于适用《中华人民共和国民法典》时间效力的若干规定

(2020年12月14日最高人民法院审判委员会第1821次会议通过 2020年12月29日最高人民法院公告公布 自2021年1月1日起施行 法释〔2020〕15号)

根据《中华人民共和国立法法》《中华人民共和国民法典》等法律规定,就人民法院在审理民事纠纷案件中有关适用民法典时间效力问题作出如下规定。

一、一般规定

第一条 民法典施行后的法律事实引起的民事纠纷案件，适用民法典的规定。

民法典施行前的法律事实引起的民事纠纷案件，适用当时的法律、司法解释的规定，但是法律、司法解释另有规定的除外。

民法典施行前的法律事实持续至民法典施行后，该法律事实引起的民事纠纷案件，适用民法典的规定，但是法律、司法解释另有规定的除外。

第二条 民法典施行前的法律事实引起的民事纠纷案件，当时的法律、司法解释有规定，适用当时的法律、司法解释的规定，但是适用民法典的规定更有利于保护民事主体合法权益，更有利于维护社会和经济秩序，更有利于弘扬社会主义核心价值观的除外。

第三条 民法典施行前的法律事实引起的民事纠纷案件，当时的法律、司法解释没有规定而民法典有规定的，可以适用民法典的规定，但是明显减损当事人合法权益、增加当事人法定义务或者背离当事人合理预期的除外。

第四条 民法典施行前的法律事实引起的民事纠纷案件，当时的法律、司法解释仅有原则性规定而民法典有具体规定的，适用当时的法律、司法解释的规定，但是可以依据民法典具体规定进行裁判说理。

第五条 民法典施行前已经终审的案件，当事人申请再审或者按照审判监督程序决定再审的，不适用民法典的规定。

二、溯及适用的具体规定

第六条 《中华人民共和国民法总则》施行前,侵害英雄烈士等的姓名、肖像、名誉、荣誉,损害社会公共利益引起的民事纠纷案件,适用民法典第一百八十五条的规定。

第七条 民法典施行前,当事人在债务履行期限届满前约定债务人不履行到期债务时抵押财产或者质押财产归债权人所有的,适用民法典第四百零一条和第四百二十八条的规定。

第八条 民法典施行前成立的合同,适用当时的法律、司法解释的规定合同无效而适用民法典的规定合同有效的,适用民法典的相关规定。

第九条 民法典施行前订立的合同,提供格式条款一方未履行提示或者说明义务,涉及格式条款效力认定的,适用民法典第四百九十六条的规定。

第十条 民法典施行前,当事人一方未通知对方而直接以提起诉讼方式依法主张解除合同的,适用民法典第五百六十五条第二款的规定。

第十一条 民法典施行前成立的合同,当事人一方不履行非金钱债务或者履行非金钱债务不符合约定,对方可以请求履行,但是有民法典第五百八十条第一款第一项、第二项、第三项除外情形之一,致使不能实现合同目的,当事人请求终止合同权利义务关系的,适用民法典第五百八十条第二款的规定。

第十二条 民法典施行前订立的保理合同发生争议的,适用民法典第三编第十六章的规定。

第十三条 民法典施行前,继承人有民法典第一千一百二十五条第一款第四项和第五项规定行为之一,对该继承人是否丧失继承权发生争议的,适用民法典第一千一百二十五条第一款和第二款的规定。

民法典施行前,受遗赠人有民法典第一千一百二十五条第一款规定行为之一,对受遗赠人是否丧失受遗赠权发生争议的,适用民法典第一千一百二十五条第一款和第三款的规定。

第十四条　被继承人在民法典施行前死亡,遗产无人继承又无人受遗赠,其兄弟姐妹的子女请求代位继承的,适用民法典第一千一百二十八条第二款和第三款的规定,但是遗产已经在民法典施行前处理完毕的除外。

第十五条　民法典施行前,遗嘱人以打印方式立的遗嘱,当事人对该遗嘱效力发生争议的,适用民法典第一千一百三十六条的规定,但是遗产已经在民法典施行前处理完毕的除外。

第十六条　民法典施行前,受害人自愿参加具有一定风险的文体活动受到损害引起的民事纠纷案件,适用民法典第一千一百七十六条的规定。

第十七条　民法典施行前,受害人为保护自己合法权益采取扣留侵权人的财物等措施引起的民事纠纷案件,适用民法典第一千一百七十七条的规定。

第十八条　民法典施行前,因非营运机动车发生交通事故造成无偿搭乘人损害引起的民事纠纷案件,适用民法典第一千二百一十七条的规定。

第十九条　民法典施行前,从建筑物中抛掷物品或者从建筑物上坠落的物品造成他人损害引起的民事纠纷案件,适用民法典第一千二百五十四条的规定。

三、衔接适用的具体规定

第二十条　民法典施行前成立的合同,依照法律规定或者当事人约定该合同的履行持续至民法典施行后,因民法典施行前履行合同发生争议的,适用当时的法律、司法解释的规定;因民法典施行后履行合同发生争议的,适用民法典第三编第四章和第五章的相关规定。

第二十一条 民法典施行前租赁期限届满,当事人主张适用民法典第七百三十四条第二款规定的,人民法院不予支持;租赁期限在民法典施行后届满,当事人主张适用民法典第七百三十四条第二款规定的,人民法院依法予以支持。

第二十二条 民法典施行前,经人民法院判决不准离婚后,双方又分居满一年,一方再次提起离婚诉讼的,适用民法典第一千零七十九条第五款的规定。

第二十三条 被继承人在民法典施行前立有公证遗嘱,民法典施行后又立有新遗嘱,其死亡后,因该数份遗嘱内容相抵触发生争议的,适用民法典第一千一百四十二条第三款的规定。

第二十四条 侵权行为发生在民法典施行前,但是损害后果出现在民法典施行后的民事纠纷案件,适用民法典的规定。

第二十五条 民法典施行前成立的合同,当时的法律、司法解释没有规定且当事人没有约定解除权行使期限,对方当事人也未催告的,解除权人在民法典施行前知道或者应当知道解除事由,自民法典施行之日起一年内不行使的,人民法院应当依法认定该解除权消灭;解除权人在民法典施行后知道或者应当知道解除事由的,适用民法典第五百六十四条第二款关于解除权行使期限的规定。

第二十六条 当事人以民法典施行前受胁迫结婚为由请求人民法院撤销婚姻的,撤销权的行使期限适用民法典第一千零五十二条第二款的规定。

第二十七条 民法典施行前成立的保证合同,当事人对保证期间约定不明确,主债务履行期限届满至民法典施行之日不满二年,当事人主张保证期间为主债务履行期限届满之日起二年的，人民法院依法予以支持；当事人对保证期间没有约定，主债务履行期限届满至民法典施行之日不满六个月，当事人主张保证期间为主债务履行期限届满之日起六个月的，人民法院依法予以支持。

四、附　则

第二十八条　本规定自 2021 年 1 月 1 日起施行。

本规定施行后，人民法院尚未审结的一审、二审案件适用本规定。

最高人民法院关于审理民事案件适用诉讼时效制度若干问题的规定

（2008 年 8 月 11 日最高人民法院审判委员会第 1450 次会议通过　根据 2020 年 12 月 23 日最高人民法院审判委员会第 1823 次会议通过的《最高人民法院关于修改〈最高人民法院关于在民事审判工作中适用《中华人民共和国工会法》若干问题的解释〉等二十七件民事类司法解释的决定》修正　2020 年 12 月 29 日最高人民法院公告公布　自 2021 年 1 月 1 日起施行　法释〔2020〕17 号）

为正确适用法律关于诉讼时效制度的规定，保护当事人的合法权益，依照《中华人民共和国民法典》《中华人民共和国民事诉讼法》等法律的规定，结合审判实践，制定本规定。

第一条 当事人可以对债权请求权提出诉讼时效抗辩,但对下列债权请求权提出诉讼时效抗辩的,人民法院不予支持:

(一)支付存款本金及利息请求权;

(二)兑付国债、金融债券以及向不特定对象发行的企业债券本息请求权;

(三)基于投资关系产生的缴付出资请求权;

(四)其他依法不适用诉讼时效规定的债权请求权。

第二条 当事人未提出诉讼时效抗辩,人民法院不应对诉讼时效问题进行释明。

第三条 当事人在一审期间未提出诉讼时效抗辩,在二审期间提出的,人民法院不予支持,但其基于新的证据能够证明对方当事人的请求权已过诉讼时效期间的情形除外。

当事人未按照前款规定提出诉讼时效抗辩,以诉讼时效期间届满为由申请再审或者提出再审抗辩的,人民法院不予支持。

第四条 未约定履行期限的合同,依照民法典第五百一十条、第五百一十一条的规定,可以确定履行期限的,诉讼时效期间从履行期限届满之日起计算;不能确定履行期限的,诉讼时效期间从债权人要求债务人履行义务的宽限期届满之日起计算,但债务人在债权人第一次向其主张权利之时明确表示不履行义务的,诉讼时效期间从债务人明确表示不履行义务之日起计算。

第五条 享有撤销权的当事人一方请求撤销合同的,应适用民法典关于除斥期间的规定。对方当事人对撤销合同请求权提出诉讼时效抗辩的,人民法院不予支持。

合同被撤销,返还财产、赔偿损失请求权的诉讼时效期间从合同被撤销之日起计算。

第六条 返还不当得利请求权的诉讼时效期间,从当事人一方知道或者应当知道不当得利事实及对方当事人之日起计算。

第七条　管理人因无因管理行为产生的给付必要管理费用、赔偿损失请求权的诉讼时效期间，从无因管理行为结束并且管理人知道或者应当知道本人之日起计算。

本人因不当无因管理行为产生的赔偿损失请求权的诉讼时效期间，从其知道或者应当知道管理人及损害事实之日起计算。

第八条　具有下列情形之一的，应当认定为民法典第一百九十五条规定的"权利人向义务人提出履行请求"，产生诉讼时效中断的效力：

（一）当事人一方直接向对方当事人送交主张权利文书，对方当事人在文书上签名、盖章、按指印或者虽未签名、盖章、按指印但能够以其他方式证明该文书到达对方当事人的；

（二）当事人一方以发送信件或者数据电文方式主张权利，信件或者数据电文到达或者应当到达对方当事人的；

（三）当事人一方为金融机构，依照法律规定或者当事人约定从对方当事人账户中扣收欠款本息的；

（四）当事人一方下落不明，对方当事人在国家级或者下落不明的当事人一方住所地的省级有影响的媒体上刊登具有主张权利内容的公告的，但法律和司法解释另有特别规定的，适用其规定。

前款第（一）项情形中，对方当事人为法人或者其他组织的，签收人可以是其法定代表人、主要负责人、负责收发信件的部门或者被授权主体；对方当事人为自然人的，签收人可以是自然人本人、同住的具有完全行为能力的亲属或者被授权主体。

第九条　权利人对同一债权中的部分债权主张权利，诉讼时效中断的效力及于剩余债权，但权利人明确表示放弃剩余债权的情形除外。

第十条　当事人一方向人民法院提交起诉状或者口头起诉的，诉讼时效从提交起诉状或者口头起诉之日起中断。

第十一条　下列事项之一，人民法院应当认定与提起诉讼具有同等诉讼时效中断的效力：

（一）申请支付令；

（二）申请破产、申报破产债权；

（三）为主张权利而申请宣告义务人失踪或死亡；

（四）申请诉前财产保全、诉前临时禁令等诉前措施；

（五）申请强制执行；

（六）申请追加当事人或者被通知参加诉讼；

（七）在诉讼中主张抵销；

（八）其他与提起诉讼具有同等诉讼时效中断效力的事项。

第十二条　权利人向人民调解委员会以及其他依法有权解决相关民事纠纷的国家机关、事业单位、社会团体等社会组织提出保护相应民事权利的请求，诉讼时效从提出请求之日起中断。

第十三条　权利人向公安机关、人民检察院、人民法院报案或者控告，请求保护其民事权利的，诉讼时效从其报案或者控告之日起中断。

上述机关决定不立案、撤销案件、不起诉的，诉讼时效期间从权利人知道或者应当知道不立案、撤销案件或者不起诉之日起重新计算；刑事案件进入审理阶段，诉讼时效期间从刑事裁判文书生效之日起重新计算。

第十四条　义务人作出分期履行、部分履行、提供担保、请求延期履行、制定清偿债务计划等承诺或者行为的，应当认定为民法典第一百九十五条规定的"义务人同意履行义务"。

第十五条　对于连带债权人中的一人发生诉讼时效中断效力的事由，应当认定对其他连带债权人也发生诉讼时效中断的效力。

对于连带债务人中的一人发生诉讼时效中断效力的事由，应当认定对其他连带债务人也发生诉讼时效中断的效力。

第十六条　债权人提起代位权诉讼的，应当认定对债权人的债权和债务人的债权均发生诉讼时效中断的效力。

第十七条　债权转让的，应当认定诉讼时效从债权转让通知到达债务人之日起中断。

债务承担情形下，构成原债务人对债务承认的，应当认定诉讼时效从债务承担意思表示到达债权人之日起中断。

第十八条　主债务诉讼时效期间届满，保证人享有主债务人的诉讼时效抗辩权。

保证人未主张前述诉讼时效抗辩权，承担保证责任后向主债务人行使追偿权的，人民法院不予支持，但主债务人同意给付的情形除外。

第十九条　诉讼时效期间届满，当事人一方向对方当事人作出同意履行义务的意思表示或者自愿履行义务后，又以诉讼时效期间届满为由进行抗辩的，人民法院不予支持。

当事人双方就原债务达成新的协议，债权人主张义务人放弃诉讼时效抗辩权的，人民法院应予支持。

超过诉讼时效期间，贷款人向借款人发出催收到期贷款通知单，债务人在通知单上签字或者盖章，能够认定借款人同意履行诉讼时效期间已经届满的义务的，对于贷款人关于借款人放弃诉讼时效抗辩权的主张，人民法院应予支持。

第二十条　本规定施行后，案件尚在一审或者二审阶段的，适用本规定；本规定施行前已经终审的案件，人民法院进行再审时，不适用本规定。

第二十一条　本规定施行前本院作出的有关司法解释与本规定相抵触的，以本规定为准。